MINDMASTERS

ALGORITMOS DA MENTE

COMO OS DADOS E A PSICOLOGIA MOLDAM SUAS ESCOLHAS SEM QUE VOCÊ PERCEBA

Sandra Matz
Professora na **Columbia Business School** (EUA) e uma das maiores especialistas em segmentação psicológica.
Eleita uma das 100 Pessoas Mais Influentes em Dados da DataIQ.

HARVARD BUSINESS REVIEW

MINDMASTERS

ALGORITMOS DA MENTE

COMO OS DADOS E A PSICOLOGIA MOLDAM SUAS ESCOLHAS SEM QUE VOCÊ PERCEBA

PREFÁCIO DO
Celso Ienaga
Engenheiro de produção, com especializações executivas em renomadas instituições (Harvard, AOTS e Universida de Michigan).

Amarilys

Amarilys é um selo editorial Manole.

Mindmasters: The Data-Driven Science of Predicting and Changing Human Behavior
de Sandra Matz

Publicado sob licença da Harvard Business Review Press.

Editora: Lívia Oliveira
Projeto gráfico: Departamento Editorial da Editora Manole
Tradução: Departamento Editorial da Editora Manole
Diagramação: Merit Educacional
Capa: Ricardo Yoshiaki Nitta Rodrigues
Imagem da capa: Freepik

CIP-BRASIL. CATALOGAÇÃO NA PUBLICAÇÃO
SINDICATO NACIONAL DOS EDITORES DE LIVROS, RJ

M398a

Matz, Sandra
Algoritmos da mente : como os dados e a psicologia moldam suas escolhas sem que você perceba / Sandra Matz ; tradução Departamento Editorial da Editora Manole. - 1. ed. - Barueri [SP] : Amarilys, 2026.
224 p. ; 23 cm.

Tradução de: Mindmasters : the data-driven science of predicting and changing human behavior
Inclui bibliografia e índice
ISBN 978-85-204-6648-3

1. Psicologia - Metodologia - Pesquisa. 2. Inovações tecnológicas - Aspectos psicológicos. 3. Comportamento humano - Pesquisa. 4. Mineração de dados (Computador) - Aspectos sociais. I. Departamento Editorial da Editora Manole. II. Título.

CDD: 150.72
25-99070.0 CDU: 159.9.072

Meri Gleice Rodrigues de Souza - Bibliotecária - CRB-7/6439

Edição – 2026

Editora Manole Ltda.
Alameda Rio Negro, 967 – cj. 717 – Alphaville
06454-000 – Barueri – SP – Brasil
Fone: (11) 4196-6000
www.manole.com.br | https://atendimento.manole.com.br/

Impresso no Brasil
Printed in Brazil

*Para Moran e Ben, cujo amor e riso enchem
minha vida de magia todos os dias.*

Sumário

PREFÁCIO

Estratégia, Consciência e Inovação com Responsabilidade

Há momentos em que a humanidade parece ser atravessada por uma encruzilhada invisível. Sabemos que algo está mudando — profundamente, silenciosamente —, mas ainda não conseguimos nomear com exatidão o que é. *Mindmasters: Algoritmos da mente* chega nesse instante liminar com uma proposta clara e provocadora: usar a inteligência artificial não apenas para prever o comportamento humano, mas para compreendê-lo e, a partir dessa compreensão, ajudá-lo a se transformar, com consciência e propósito.

Em vez de prometer fórmulas mágicas ou alimentar o fascínio tecnológico, em *Mindmasters: Algoritmos da mente* a autora nos convida a enxergar o que há de mais delicado e transformador no uso da IA: a capacidade de prever, influenciar e mudar o comportamento humano. E faz isso com profundidade, clareza e exemplos reais que mostram como empresas, governos e plataformas já estão redesenhando experiências, decisões e hábitos, e nem sempre de forma transparente.

A mente por trás deste livro, e talvez uma das mais inquietas e lúcidas de sua geração, é Sandra Matz, formada em psicologia e ciência da computação. É professora Lulu Chow Wang na Columbia Business School e pesquisadora referência global em comportamento digital e segmentação psicológica. Sandra não apenas estuda dados: ela escuta o que eles sussurram sobre as emoções, decisões e dilemas humanos. Com um olhar que une rigor científico, sensibilidade social e um profundo compromisso ético, ela constrói pontes entre a psicologia e a inteligência artificial, entre a academia e o mundo real. Sua contribuição vai além da análise: ela abre um campo de reflexão prática e filosófica sobre como podemos transformar dados em intervenções conscientes, a serviço de indivíduos mais livres, negócios mais humanos e uma sociedade mais lúcida.

Ao longo da minha trajetória como engenheiro de produção pela Escola Politécnica da Universidade de São Paulo (Poli-USP), com especializações em instituições como Wharton, Harvard, Michigan, Berkeley, IESE e AOTS no Japão, sempre busquei entender como a tecnologia pode impulsionar o desenvolvimento humano, organizacional e social. Liderei os primeiros projetos de IA e automação industrial no Brasil e, desde então, venho atuando em conselhos de empresas de alta tecnologia — incluindo startups baseadas em IA e fundos de venture capital voltados à inovação. Hoje, como conselheiro estratégico em diversos grupos empresariais, tenho contribuído para orientar iniciativas de transformação com base em modelos de governança e gestão adaptativa, impulsionadas pelo uso intensivo de dados e inteligência artificial. É justamente por isso que *Mindmasters: Algoritmos da mente* me tocou profundamente.

O livro me provocou como conselheiro e estrategista, mas também como cidadão. Ele levanta perguntas que extrapolam o mundo dos negócios: estamos usando a IA para ampliar a autonomia humana ou apenas para automatizar comportamentos previsíveis? Estamos moldando a tecnologia com responsabilidade, ou sendo moldados por ela sem perceber? Em cada projeto de inovação que lidero ou acompanho, reforço a importância de alinhar ambição com discernimento, performance com propósito. E este livro oferece um roteiro lúcido para fazer isso.

Com exemplos extraídos de empresas como Amazon, Facebook, Netflix, e também de experiências em saúde pública, educação e políticas sociais, o livro mostra como os dados deixaram de ser apenas estatísticas para se tornarem espelhos do nosso comportamento, e motores silenciosos de decisões que tomamos todos os dias. Você verá, por exemplo:

- Como algoritmos identificam sinais de depressão antes mesmo dos sintomas clínicos.
- Como escolhas de palavras revelam mais sobre seu estado emocional do que suas próprias respostas em questionários.
- Como governos estão testando modelos para prever abandono escolar e intervir antes da desistência.

- Como o simples ato de curtir fotos de comida ou frases de efeito pode traçar o contorno da sua personalidade.

Muitas empresas hoje usam IA como quem dirige só pelo retrovisor: olham para os dados do passado tentando entender o que deu certo. *Mindmasters: Algoritmos da mente* propõe outra direção: usar os dados como para-brisas, que iluminam o caminho à frente, revelam perigos, apontam possibilidades, mas com as mãos firmes no volante humano. O risco não está em olhar os dados. O risco está em olhar sem saber o que se está vendo, ou pior, sem saber por que se está vendo.

Este livro não é apenas sobre comportamento e dados. É um convite a desenvolver uma visão estratégica mais consciente. Ele nos desafia a repensar a inovação não como uma corrida por vantagem competitiva, mas como uma responsabilidade ampliada com o impacto que deixamos no mundo. A pergunta que deixo, e que ressoa a cada página desta obra, é direta e transformadora: "*Como a inteligência artificial pode nos ajudar a nos tornarmos líderes e seres humanos melhores e, por consequência, construir uma sociedade mais justa, mais criativa e mais consciente para esta e para as futuras gerações?*"

Boa leitura. Boa travessia.

Celso Ienaga

Engenheiro de Produção formado pela Poli-USP, com especializações executivas na Wharton School, Harvard Business School, University of Michigan, UC Berkeley, IESE Business School (Espanha) e AOTS (Japão), atua na interseção entre estratégia, inovação e governança corporativa. É presidente do Instituto Mauricio de Sousa, sócio-principal da Dextron Consulting e da DXCapital Advisory Service, além de Senior Advisor da Cambridge Family Enterprise Group.

INTRODUÇÃO

A aldeia digital

Havia semanas eu implorava ao meu namorado para que me deixasse pilotar sua motocicleta. Uma Suzuki Bandit 600. Em um vermelho intenso e cintilante. Ela era linda. Nós adorávamos levar a motocicleta para aventuras juntos. Subíamos as estradas serpenteantes das montanhas que cercavam o pequeno vilarejo em que cresci e percorríamos as estradas sinuosas do interior. Mas eu estava cansada de ficar na garupa. Queria estar pilotando a moto.

Quando ele finalmente concordou em me deixar tentar, encontrei um campo de aviação militar abandonado nas proximidades.

Suas instruções foram simples: "Vamos nos sentar na motocicleta primeiro. Você na frente e eu atrás. Depois eu te explico". Eu estava encantada, mas também nervosa. Eu tinha apenas quinze anos e não tinha habilitação. "Não se preocupe", ele me garantiu, "estou bem atrás de você".

Não sei exatamente o que aconteceu depois. Lembro-me de que, de alguma forma, rolamos para a grama na lateral do campo de aviação. Quando tentei puxar a moto de volta, devo ter acidentalmente girado o acelerador e deixado a embreagem engatar.

Poucos segundos depois, a roda dianteira da motocicleta se ergueu no ar como um cavalo empinando. Meu namorado foi jogado para fora da garupa (já era o "estou bem atrás de você") e eu saí à toda, sem ter a menor ideia de como controlar a moto.

Sem pensar, puxei e empurrei o guidão da moto, tentando manter o equilíbrio. Durante o que pareceu uma eternidade, desviei para a esquerda, para a direita, para a esquerda novamente, antes de cair de lado, deslizando por alguns metros antes de parar.

Tivemos sorte. Nenhum de nós se feriu. E ninguém havia testemunhado o acidente. Mas havia um problema: estávamos no meio do nada e a motocicleta não dava partida.

Depois de pesar nossas opções, sentei-me na grama para acalmar meus nervos, respirei fundo e apertei o botão de chamada do meu telefone. Parte de mim esperava que ninguém atendesse. A cada toque, meu coração batia mais forte e minha mente acelerava. Quando eu estava quase pronta para desligar, meu pai atendeu o telefone.

"Oi, pai, ... uh ... sofremos um acidente de moto. Mas não se preocupe, estávamos indo devagar e ambos estamos bem."

"Era você que estava pilotando, certo?"

Além de uma conversa séria com meus pais (que, na verdade, foram surpreendentemente legais em relação a isso), tive que pagar pelos reparos. Perdi o salário de um ano inteiro de aulas particulares. Foi doloroso, mas não foi a pior parte.

No momento em que deixamos a moto na oficina local, as notícias sobre meu infortúnio espalharam-se pelo vilarejo como um incêndio. Era a história perfeita. Não só porque eu tinha quinze anos e não tinha habilitação. Eu também era filha de um policial local.

Não havia onde me esconder. No dia seguinte, a caminho do ônibus escolar, o Sr. Werner, do outro lado da rua, acenou para mim para perguntar se eu estava bem. Ele tinha ouvido falar do acidente. Fiquei presa em uma narrativa de dez minutos sobre seus próprios delitos na adolescência.

Algumas casas abaixo, a sra. Bauer olhou para cima, enquanto cuidava do pequeno jardim na frente de sua casa, balançando a cabeça. Como pude ser tão irresponsável? Ela sempre me considerou uma garota inteligente.

O acidente de moto não era mais uma vergonha para mim. Todos – e eu quero dizer *todos* – sabiam de minha situação.

O PARADOXO DO VILAREJO

Bem-vindo a Vögisheim! Um vilarejo minúsculo no canto sudoeste da Alemanha, cercado por belos vinhedos, campos e colinas. População: 500 habitantes. Restaurantes: dois. Igrejas: uma. Lojas: zero.

Nasci e cresci lá. Assim como minha mãe, a mãe dela e a mãe da mãe dela. Morei lá durante os primeiros 18 anos de minha vida – e pelo que pareceu uma eternidade quando era adolescente e desejava o estímulo de lugares mais movimentados. Foi em Vögisheim que falei minhas primeiras palavras, dei meus primeiros passos, apaixonei-me pela primeira vez, tive minha primeira desilusão, decidi viajar pelo mundo e, por fim, embarquei em uma jornada para estudar psicologia.

Como em qualquer comunidade pequena, os outros 499 moradores de Vögisheim não sabiam apenas do meu acidente de moto. Eles sabiam cada pequeno detalhe de minha vida. Sabiam que eu adorava ouvir Ramones, que meu lugar favorito nas noites de fim de semana era o bar "pirata" local e que eu simplesmente não suportava meu professor de geografia.

Esses detalhes, por si só, talvez não parecessem tão intrusivos. Mas, como se eu fosse um quebra-cabeça humano, meus vizinhos juntaram as peças de minha existência para construir uma imagem detalhada da minha vida psíquica interna: minhas esperanças, medos, sonhos e aspirações. Eles pareciam me conhecer *de verdade*. O que lhes permitiu fazer o que os vizinhos de vilarejo fazem de melhor... oferecer conselhos (não) solicitados e interferir em minha vida pessoal.

Para mim, isso significava duas coisas. Por um lado, eu me sentia apoiada por uma comunidade de pessoas que me entendiam. Elas sabiam que eu era ambiciosa e que desejava ter uma vida fora da "aldeia". Assim, quando chegou a hora de eu decidir o que fazer depois do ensino médio, eles estavam lá para oferecer conselhos e oportunidades; passaram meu currículo para os amigos e me ajudaram a decidir se um ano sabático era a escolha certa para mim.

Por outro lado, eu me sentia exposta e manipulada pela mesma comunidade. Era um segredo mal guardado que eu tinha dificuldade em dizer não às pessoas. Isso me tornava um alvo fácil para qualquer um que precisasse de um favor. Está mudando de apartamento? Peça à Sandra. Precisa de uma carona da boate para casa? Peça à Sandra (se o veículo escolhido não fosse uma motocicleta, é claro).

Crescer sendo vista pelos outros foi uma bênção e uma maldição ao mesmo tempo.

DA ALDEIA PARA O MUNDO

Deixei Vögisheim depois de terminar o ensino médio e hoje moro em Nova York, onde sou professora na Universidade de Columbia.

Uma diferença como o dia e a noite. Mal conheço meus vizinhos. E eles mal me conhecem. Dizemos olá quando nos encontramos no corredor. Mas eles não sabem em que eu trabalho. Não conhecem meus amigos nem minha família. E certamente não sabem nada sobre meus medos ou aspirações mais profundos.

Mas, no final, você não precisa viver em uma pequena comunidade rural para que alguém vigie e influencie cada passo que você dá e cada escolha que faz. Isso ocorre porque todos temos *vizinhos digitais*.

Pense da seguinte forma: o equivalente digital de rastreamento de dados de meu vizinho sessentão Klaus lê minhas mensagens no Facebook, observa as notícias que leio e compartilho no X/Twitter, coleta minhas compras com cartão de crédito, rastreia meu paradeiro por meio do sensor GPS do meu smartphone e registra minhas expressões faciais e encontros casuais pelas cerca de 50 milhões de câmeras públicas nos Estados Unidos.

Da mesma forma que com o passar do tempo meus vizinhos se tornaram especialistas em bisbilhotar e manipular, os computadores podem traduzir informações aparentemente mundanas e inofensivas sobre *o que fazemos* em percepções altamente íntimas sobre *quem somos* e, por fim, prescrições sobre *o que devemos fazer*.

Chamo esse processo de influenciar os pensamentos, sentimentos e comportamentos das pessoas com base em suas características psicológicas previstas de *segmentação psicológica*. Eu a estudo – e pratico – há mais de uma década.

Meus colegas e eu publicamos vários artigos mostrando como os computadores, com o auxílio do aprendizado de máquina e da IA, podem conhecer você intimamente. Não importa qual traço psicológico ou fonte de dados você escolha. Por exemplo, os algoritmos podem dizer se você está empolgado, triste, sociável ou ansioso usando o microfone ou a câmera do seu telefone. Eles podem prever sua renda a partir de suas publicações nas mídias sociais. E podem dizer se você tem probabilidade de desenvolver depressão ou sofrer de esquizofrenia rastreando sua localização por GPS.

Mas essa é apenas a metade da história. Passei a maior parte de minha carreira lidando com a gritante pergunta "E daí?". O que significa os computadores poderem espiar nossa psicologia e entender o que está abaixo da superfície dos comportamentos que eles podem observar? O que isso significa para você e para mim? E para a sociedade em geral? Não é preciso muita imaginação para entender que a segmentação psicológica, nas mãos erradas, pode ser uma arma poderosa.

Quando eu era adolescente, lutava contra a baixa autoestima. Não queria nada além de pertencer e ser querida. Mas era a minha melhor amiga que era popular, não eu. Tornei-me muito boa em esconder minhas dúvidas das outras pessoas da cidade, criando uma fachada que beirava a arrogância. Por fora, eu era forte e confiante. Por dentro, duvidava de mim mesma. Compartilhei esses sentimentos em meu diário.

Se eu fosse uma adolescente hoje, provavelmente pediria conselhos ao Google. "Como posso me tornar mais popular?", "Como posso me sentir melhor comigo mesma?". Essas perguntas se acumulariam em meu histórico de pesquisa. E o perfil resultante poderia ser facilmente usado contra mim. Em 2017, o Facebook foi acusado de prever depressão entre adolescentes e de vender essas informações para anunciantes.[1] Não há alvo mais fácil do que adolescentes em dificuldades. Bem sombrio.

Mas vamos olhar para isso de uma forma mais positiva. E se pudéssemos usar a segmentação psicológica para ajudar milhões de pessoas a ter uma vida mais saudável e feliz? Minha pesquisa, por exemplo, foi usada para prever e evitar a evasão universitária, orientar indivíduos de baixa renda a tomar melhores decisões financeiras e detectar sinais precoces de depressão.

Sim, é isso mesmo. A mesma coisa que acusei o Facebook de fazer na seção "sombria" também pode ser uma oportunidade real. A depressão afeta aproximadamente 280 milhões de pessoas em todo o mundo. Todos os anos, cerca de 1 milhão delas cometem suicídio. Isso significa que mais pessoas morrem devido às consequências da depressão do que por homicídio, ataques terroristas e desastres naturais juntos.

O que torna esses números particularmente preocupantes é o fato de a depressão ser tratável. O problema é que muitas pessoas nunca são diagnosticadas. Mesmo que sejam, o diagnóstico geralmente chega tarde demais. É muito mais difícil lutar para voltar do fundo do poço do que da ladeira inicial.

E se, em vez de vender você para os anunciantes, usássemos os *insights* sobre seu perfil de saúde mental para criar um sistema de alerta precoce? Registros de GPS ou tweets poderiam alertar você sobre mudanças em seu comportamento que se assemelham a padrões observados em outras pessoas que sofrem de depressão. Não é apenas uma chance de detectar sintomas depressivos precocemente (antes que eles se transformem em uma depressão clínica completa), mas também de oferecer orientação ou recursos personalizados.

Podemos observar que você não está mais interagindo tanto com seus amigos ou que está passando muito mais tempo em casa do que o normal. Por que não incentivar você a entrar em contato com alguns de seus amigos ou passar algum tempo em um parque próximo? E, se necessário, fornecer o contato de alguns terapeutas da região que possam ajudar.

Prever e influenciar os resultados de saúde mental é apenas um dos muitos exemplos que demonstram o poder da segmentação psicológica. E se pudéssemos tornar a educação mais envolvente, ajudar as pessoas a atingir suas metas de condicionamento físico ou facilitar um diálogo mais construtivo ao longo do espectro político?

Durante a maior parte de minha carreira acadêmica, eu me senti um pouco desamparada e perdida na tensão entre os lados perigosos e promissores da análise de dados pessoais. Será que eu estava no campo dos pessimistas tecnológicos que argumentam que a tecnologia não cumpre suas promessas e prejudica ativamente a humanidade? Ou eu estava no campo dos tecno-otimistas que acreditam em um futuro brilhante em que a tecnologia nos ajuda a nos tornarmos versões melhores de nós mesmos?

Muitas vezes me senti uma hipócrita – empolgada com as novas descobertas, mas com a sensação incômoda de que, nas mãos erradas, essas descobertas poderiam ter consequências terríveis. Ou vice-versa, falando com a mídia sobre os perigos da criação de perfis psicológicos enquanto temia estar traindo meus alunos e parceiros do setor que viam as possíveis promessas da segmentação psicológica.

Foi somente em uma viagem de Natal para casa (e depois de várias rodadas de vinho quente) que percebi como meu conflito atual era semelhante à minha experiência na vila – constantemente dividida entre o desejo de me libertar e a apreciação pelo que minha comunidade tinha a oferecer. Quanto mais eu pensava sobre essa analogia (em um estado sóbrio), mais óbvia ela se tornava.

Eu estava lidando com uma nova manifestação de uma tensão que faz parte da experiência humana há séculos. Quanto de nossas vidas privadas estamos dispostos (ou mesmo ansiosos) a revelar às pessoas ao nosso redor? De quanto de nossa privacidade e autonomia estamos dispostos a abrir mão em troca da segurança e da força proporcionadas pelo coletivo?

Tudo isso se resume a poder. Da mesma forma que meus vizinhos tinham facilidade em me convencer a fazer tarefas para eles porque sabiam que eu queria agradar, entender suas necessidades psicológicas, preferências e motivações dá aos outros poder sobre você. Poder para influenciar suas opiniões, emoções e, por fim, seu comportamento. Às vezes isso é bom, às vezes é ruim.

Mas a vida na aldeia me ensinou que a vitória ou a derrota depende, pelo menos em parte, de nós mesmos. Embora eu nunca tenha tido controle total sobre minha vida, ainda assim consegui lidar com os altos e baixos. Quando criança, eu não tinha ideia de como a vila funcionava. Mas, com o tempo, aprendi mais sobre o sistema em que estava. Entendia as motivações das pessoas, descobria quem estava falando com quem e sabia em quem podia confiar para dar informações.

Quando entendi o jogo que estava sendo jogado e tive uma noção clara do que eu queria dele, aprendi a jogá-lo a meu favor. De repente, eu estava ganhando mais do que perdendo.

Precisamos fazer o mesmo – e muito mais – para a aldeia digital. Precisamos entender os participantes que controlam o atual ecossistema de dados, descobrir como eles usam nossos dados pessoais a nosso favor e contra nós e identificar a vantagem que temos (ou precisamos ter) para sairmos vitoriosos.

Mas o simples fato de você se tornar melhor no jogo não será suficiente. Precisamos reformulá-lo.

REFORMULANDO O JOGO DOS DADOS

Eu disse que a tensão que vivenciamos no mundo atual, orientado por dados, é a mesma que nossos ancestrais vivenciaram há dois mil anos, ou aquela que enfrentei em minha aldeia. Mas isso não é totalmente verdade.

Enquanto eu estava exposta aos olhares curiosos dos aldeões (e talvez de seus amigos nos vilarejos adjacentes em busca de fofocas interessantes), nosso comportamento digital hoje nos expõe ao mundo inteiro. As regras do jogo mudaram.

Por ter crescido em um vilarejo, meus vizinhos sabiam muito sobre mim. Mas, acredite, eu também sabia muito sobre eles. Eu sabia quem estava lutando contra o alcoolismo, quem estava infeliz no casamento e quem estava sonegando impostos. Todos jogávamos o jogo como iguais. Todos pagávamos o preço e todos nos beneficiávamos.

O jogo dos dados atual não se parece em nada com isso. Suas regras são opacas e o campo de jogo é altamente desigual. Há algumas pessoas e organizações que sabem muito sobre muitos de nós e que se beneficiam muito com esse conhecimento. Podemos obter certas coisas com a troca (ferramentas de pesquisa e mídia social gratuitos, por exemplo), mas não obtemos conhecimento recíproco sobre as pessoas e organizações que nos rastreiam com tanto zelo.

Embora o jogo que jogamos na aldeia digital possa ter regras um pouco diferentes, o melhor ponto de partida para colocar o baralho a nosso favor continua sendo o mesmo. Precisamos entender o que as novas tecnologias preditivas, como a segmentação psicológica, são capazes de fazer e decidir coletivamente quais aplicações são favoráveis a uma sociedade próspera e quais não são. Assim que o fizermos, estará sob nosso controle projetar um sistema que amplie os aspectos positivos da segmentação psicológica e faça com que ela trabalhe a nosso favor, e não contra nós.

Os algoritmos da mente: como os dados e a psicologia moldam suas escolhas sem que você perceba é um convite para que você faça exatamente isso – um convite para participar de uma discussão informada e profunda sobre a segmentação psicológica. Casos como a suposta interferência da Cambridge Analytica nas eleições presidenciais de 2016 nos EUA (uma história que ajudei a divulgar e sobre a qual falarei mais no Capítulo 5) chamaram a atenção do público e informaram grande parte do debate público sobre o assunto.

Minha meta com *Os algoritmos da mente* é revelar os bastidores, separar a narrativa dos fatos e oferecer um relato com base científica da segmentação psicológica. Farei isso em três partes, cada uma abordando uma peça importante do quebra-cabeça do processo geral.

A Parte 1 leva você a uma jornada sobre como os computadores aprendem a traduzir suas pegadas digitais em previsões íntimas de quem você é: sua personalidade, orientação sexual, ideologia política, saúde mental, valores morais e muito mais. Abriremos uma janela digital para nossa psique entrando no mundo das informações de identidade deliberadamente compartilhadas (por exemplo, curtidas no Facebook, publicações em mídias sociais e fotos) e resíduos de comportamento inócuos (por exemplo, pesquisas no Google, dados de cartão de crédito e registros de GPS). Além disso, exploraremos o papel das pistas contextuais na divulgação de informações sobre quem somos em um determinado momento.

Ao abrirmos a caixa preta e olharmos por baixo do capô de alguns dos modelos preditivos baseados em IA que meus colegas e eu criamos ao longo dos anos, você perceberá que não é nenhum bicho de sete cabeças traduzir o que fazemos online para quem somos por dentro.

Para deixar claro, os computadores não precisam necessariamente traduzir seu comportamento em perfis psicológicos para conhecer você intimamente e interferir em suas escolhas. Muitos dos possíveis benefícios e perigos que discuto em partes posteriores do livro se aplicam ao uso de dados pessoais de forma mais ampla. Porém, casos como o da Cambridge Analytica chamaram a atenção do público porque permitem que nos relacionemos com nossos dados de uma forma fundamentalmente humana. Você não pensa em si mesmo como uma combinação de registros de gastos, coordenadas de longitude e latitude rastreadas por GPS e pesquisas no Google. Você pensa em si mesmo como extrovertido ou introvertido, liberal ou conservador, cooperativo ou competitivo.

A Parte 2 baseia-se diretamente nos insights da Parte 1 para discutir a gritante pergunta "E daí?". Por que devemos nos preocupar com a proliferação de tecnologias como a segmentação psicológica? O que significa para nós – e para a sociedade em geral – o fato de os algoritmos poderem decodificar a vida psíquica interna de milhões de pessoas e alterar a maneira como elas pensam, sentem e se comportam? Devemos nos assustar ou nos alegrar?

Vou argumentar que deveríamos fazer as duas coisas. Como disse o famoso historiador da tecnologia Melvin Kranzberg: "A tecnologia não é boa nem ruim, nem neutra".[2] Os mesmos mecanismos podem ser usados para atingir objetivos diametralmente opostos. Ao explorar sua psicologia, posso fazer com que você compre produtos que talvez não precise, mas também que economize mais dinheiro para um dia chuvoso. Posso explorar suas vulnerabilidades emocionais, mas também ajudar você a superá-las. E posso reforçar suas visões de mundo existentes, mas também incentivar e permitir que você as expanda.

O impacto da segmentação psicológica depende, em última análise, de *nós* e das escolhas que fazemos. No pior dos casos, ela manipula, explora e discrimina. Na melhor das hipóteses, envolve, educa e capacita.

Como a tecnologia avançada de IA – incluindo a IA generativa – torna a criação e a segmentação de conteúdo hiperpersonalizado mais fácil do que nunca, precisamos de uma visão clara de como ampliar as oportunidades oferecidas pela segmentação psicológica e, ao mesmo tempo, mitigar seus riscos. É disso que trata a Parte 3 do livro. Como podemos reformular o jogo dos dados para criar um futuro melhor para todos nós?

Vou argumentar que a criação desse futuro exige que voltemos à aldeia. Não literalmente. Você não precisa fazer as malas, pegar as crianças e se mudar para a sua versão de Vögisheim. Estou falando de pequenas comunidades no estilo vilarejo criadas para ajudar você a gerenciar seus dados pessoais. Entidades que são legalmente obrigadas (por exemplo, por meio de responsabilidades fiduciárias) a agir no melhor interesse de seus membros. Um fundo ou uma cooperativa de dados.

O cenário atual de dados é simplesmente complexo demais para se lutar sozinho. Talvez eu conseguisse me virar no jogo que jogávamos na aldeia, mas não tenho a menor chance na arena global de hoje. E você também não. Ninguém tem o conhecimento, o tempo e a energia para gerenciar seus dados pessoais sozinho.

Precisamos de aliados. Pessoas que pensam da mesma forma, que têm interesses semelhantes e compartilham os mesmos objetivos. As gestantes, por exemplo, compartilham seus dados médicos e biométricos umas com as outras para descobrir a melhor nutrição para uma gravidez segura. Ou educadores que reúnem dados de desempenho de suas salas de aula para desenvolver estratégias de ensino mais eficazes.

Ao contrário dos vizinhos de aldeia, seus aliados digitais não precisam morar no mesmo lugar que você. A tecnologia resolve esse problema (e muitos outros, como descreverei em detalhes mais adiante). Com cerca de oito bilhões de pessoas em todo o mundo, você acabará encontrando alguém com os mesmos problemas e valores que você.

O que estou sugerindo não é simplesmente um retorno aos velhos costumes da aldeia. Não se trata apenas de uma tradução individual de soluções testadas e comprovadas para um novo problema. O jogo que jogamos online hoje é diferente do que joguei em Vögisheim, assim como as soluções. A boa notícia é que, se fizermos isso direito, poderemos ter tudo: os benefícios de permitir que outras pessoas entrem em nossas vidas sem os custos de perder nossa privacidade e autodeterminação.

Embora o *Os algoritmos da mente* esteja centrado em dados e tecnologia, ele é, em sua essência, uma exploração da experiência humana: como queremos revelar e ocultar, como ganhamos e perdemos ao permitir que outras pessoas entrem em nossas vidas e como as novas tecnologias, como a segmentação psicológica, exigem que repensemos o contrato social. É tanto uma tentativa de compartilhar meus aprendizados com você quanto um convite para que você participe da conversa. Para que faça parte da reformulação do jogo.

PARTE UM

OS DADOS SÃO UMA JANELA PARA NOSSA PSICOLOGIA

CAPÍTULO 1

Decodificando nossa psicologia

São 8 horas da manhã de uma segunda-feira. Como sempre, não é o despertador que me acorda, mas minha cadela Milou lambendo meu rosto (um pouco nojento, eu sei). Dou-lhe um apertão, empurro-a para o lado e pego o telefone.

Verifico meu WhatsApp e Facebook, examino meus e-mails e me atualizo com as últimas notícias na CNN. Antes de levar a Milou para passear, coloco meu Fitbit para garantir que cada passo que dou conte para minha meta diária de dez mil passos. Fico tentada a amarrar meu Fitbit na coleira dela, mas resisto. Não me julgue. De acordo com a pesquisa de minha amiga Alice Moon, não sou a única pessoa que engana na contagem de passos.

Milou e eu saímos para passear pelo campus, onde ela pode correr sem coleira e incomodar os alunos madrugadores, que adoram os carinhos gratuitos.

Depois de um banho rápido em casa, pego meu celular e minha carteira e saio para o trabalho. No caminho, pego um matcha latte e um croissant na cafeteria da esquina. Chego ao escritório pouco antes das nove horas da manhã.

Em menos de uma hora, gerei milhões de pegadas digitais. Em um servidor em algum lugar do mundo, há agora registros digitais das mensagens que enviei e recebi (recebidas: fotos fofas das minhas sobrinhas; enviadas: fotos fofas da Milou), o fato de que fiz *check-in* no Facebook, de minha casa, passei cerca de dez minutos lendo cinco artigos diferentes no site da CNN, dei cerca de dois mil passos caminhando pelo campus da Universidade de Columbia em Manhattan e tomei um café da manhã pouco saudável.

Além disso, os sensores do meu telefone registraram a atividade física a partir das 8 horas da manhã e rastrearam minha localização por GPS continuamente. As câmeras nas esquinas das ruas, do lado de fora da cafeteria e dentro dos elevadores coletaram imagens minhas, informando exatamente onde estive a cada momento, se estava sozinha ou acompanhada e se parecia feliz ou não (às 8 horas, raramente pareço).

Como pessoas comuns, você e eu geramos cerca de seis gigabytes de dados a cada hora.[1] A cada hora! Imagine quantas unidades USB você precisaria para salvar todos os dados que se acumulam ao longo de sua vida útil. E esses são apenas *seus* dados.

Em todo o mundo, estima-se que existam atualmente 149 zettabytes de dados (ou seja, 149.000.000.000.000.000.000.000 bytes), com números que dobram a cada ano. Se você fosse armazenar todos esses dados em CD-ROMs e empilhá-los uns sobre os outros, chegaria muito além da lua. De fato, já se sugeriu que hoje existem quase tantas unidades digitais de dados quanto estrelas no vasto universo. Romântico, não é mesmo?

Cada um desses pontos de dados representa uma pequena peça do quebra-cabeça de quem somos. Minha lista de reprodução do Spotify, por exemplo, revela que eu adoro techno e Taylor Swift. O histórico de meu cartão de crédito mostra que gosto de viajar. E meus registros de GPS, que eu adoro fazer longas caminhadas no parque.

Individualmente, essas peças não são tão significativas. Assim como em um quebra-cabeça, você começa com uma pilha de caos desconectado. Mas quando você junta as peças, gradualmente começa a ver o quadro completo e a entender seu significado. O mesmo acontece com os dados. Uma vez conectados, nossos rastros digitais fornecem uma imagem rica de nossos hábitos pessoais, preferências, necessidades e motivações. Em suma: nossa psicologia.

A INTERNET CONHECE VOCÊ MELHOR DO QUE SEU CÔNJUGE

Em 2015, o *Financial Times* publicou um artigo com o título provocativo: "O Facebook entende você melhor do que seu cônjuge". Parece a abertura de um romance distópico de ficção científica? Não. É o resultado de um estudo científico real publicado por meus ex-colegas da Universidade de Cambridge.[2]

A equipe de pesquisa liderada por Youyou Wu havia criado uma série de modelos de aprendizado de máquina que podiam traduzir as curtidas de uma pessoa no Facebook em perfis de personalidade. Os resultados foram surpreendentes: depois de observar apenas dez curtidas no perfil de alguém no Facebook, o modelo foi capaz de julgar a personalidade do usuário melhor do que seus colegas de trabalho. Sessenta e cinco curtidas? O modelo conhecia os usuários melhor do que seus amigos. Cento e vinte curtidas? Melhor do que os membros da família. E 300? Melhor do que o cônjuge.

Quando meus colegas me contaram pela primeira vez sobre suas descobertas, eu tinha certeza de que eles haviam cometido um erro (e eles também, inicialmente). Claramente, havia um bug no código.

Mas não havia. Meus colegas estavam certos. Sete anos depois, ainda me surpreendo com suas descobertas. Não é por acaso que chamamos nossos cônjuges de "outras metades". Eles geralmente têm anos de dados sobre nós. Eles planejam, experimentam e vivem a vida conosco todos os dias. E ainda assim, com acesso a apenas 300 de suas curtidas no Facebook, um computador pode conhecer você tão bem ou até melhor.

Isso envergonha as habilidades de bisbilhotagem dos vizinhos de minha aldeia. Mesmo o mais curioso deles provavelmente sabia muito menos sobre mim do que qualquer cientista da computação ou engenheiro semiqualificado com acesso aos dados corretos. Hoje, uma criança de 15 anos no porão da casa dos pais pode descobrir mais sobre mim do que todos os meus vizinhos do vilarejo juntos.

Mas como os computadores se tornam esses mestres bisbilhoteiros? Como eles entendem o vasto e desestruturado mar de pegadas digitais para pintar uma imagem da pessoa por trás delas? A resposta simples é: eles observam e aprendem (sim, grande surpresa, é por isso que se chama aprendizado de máquina). Deixe-me ilustrar esse processo com um exemplo que não tem absolutamente nada a ver com computadores ou algoritmos. Meus principais protagonistas são galinhas. Pintinhos, para ser mais precisa.

GUIA DE APRENDIZADO DE MÁQUINA PARA ALDEÕES

Você já ouviu falar em sexagem? Não se preocupe: este tópico é seguro para o trabalho.

A sexagem de pintinhos refere-se à prática de distinguir entre pintinhos fêmeas (frangas) e pintinhos machos (frangotes). Os grandes incubatórios comerciais usam essa prática para separar os pintinhos fêmeas de alto valor dos pintinhos machos quase imediatamente após o nascimento.

Enquanto os pintinhos fêmeas são usados para a produção de ovos, os pintinhos machos geralmente são mortos para reduzir custos desnecessários para o incubatório (e, de repente, tornar-se vegetariano não parece mais tão ruim).

O ato da sexagem é feito por pessoal experiente – sexadores – que precisam decidir em poucos segundos se um pintinho é fêmea ou macho examinando a abertura na parte traseira do pintinho (conhecido como "sexagem da abertura").

Como se vê, essa não é uma tarefa fácil. Os órgãos genitais de frangos recém-nascidos são quase indistinguíveis a olho nu, e há tantas exceções que é praticamente impossível até mesmo para os sexadores mais experientes explicar seu processo de tomada de decisão. Depois de anos de treinamento, eles simplesmente sabem. Mas, em primeiro lugar, como eles aprendem a distinguir os pintinhos machos dos fêmeas? Tentativa e erro.

Imagine que você acabou de começar a trabalhar como sexador em um grande incubatório. É o primeiro dia e você está animado para começar seu novo trabalho. Mas não há um manual de instruções, um relatório de 50 páginas ou uma apresentação em PowerPoint para lhe apresentar as maravilhas da sexagem de pintinhos. Em vez disso, você é acompanhado por um sexador de pintinhos experiente que fica ao seu lado, observando calmamente.

Você pega o primeiro pintinho e examina sua parte traseira. É claro que você não tem a menor ideia; é o seu primeiro dia de trabalho e a sua experiência com aberturas de pintinhos tem sido, hum, limitada.

Você dá de ombros e coloca o pintinho no compartimento das frangas. Seu mentor diz: "Sim". Você teve sucesso. Você pega o próximo e, após um breve exame, coloca-o no compartimento dos frangotes. Seu mentor diz: "Não".

No seu primeiro dia de trabalho, você não se sentirá muito satisfeito – sua chance de fazer a escolha certa provavelmente ficará um pouco acima de 50% (isso é um lance de moeda). Mas, depois de algumas semanas de tentativas e erros com seu mentor, seu cérebro terá sido treinado para distinguir com precisão entre pintinhos machos e fêmeas. Você se tornou um mestre da sexagem! Assim como seu mentor, as regras que orientam sua tomada de decisão podem ser complexas demais para serem articuladas, mas você as internalizou.

Os computadores aprendem da mesma forma: tentativa e erro. Você apresenta vários exemplos a eles e dá feedback sobre se as previsões estão certas ou erradas. Ao fazer isso, você permitirá que o algoritmo aprenda gradualmente como a entrada (a traseira de um pintinho ou um conjunto de curtidas no Facebook) está relacionada ao resultado (o sexo do pintinho ou os traços de personalidade de um usuário).

Você curte no Facebook conteúdo sobre Oscar Wilde, Leonardo da Vinci e Platão? Provavelmente você é intelectualmente curioso e tem a mente aberta. Você gosta de contabilidade, MyCalendar e aplicação da lei nacional? Provavelmente você é organizado e confiável.

Quanto mais dados você tiver para executar o jogo de tentativa e erro, melhor o computador se tornará em transformar suposições informadas em previsões altamente precisas. Foi exatamente isso que meus colegas fizeram quando realizaram seu experimento homem versus máquina. Eles coletaram um grande conjunto de dados de mais de 18 mil usuários do Facebook, combinaram suas curtidas com perfis de personalidade declarados por eles mesmos e escreveram algumas linhas de código para automatizar o processo de aprendizagem por tentativa e erro (uma tarefa trivial que atualmente pode ser feita com um software comercial de fácil utilização).

Nos próximos capítulos, eu o levarei a uma jornada por diferentes tipos de pegadas digitais e mostrarei o quanto elas podem revelar sobre quem você é. Algumas dessas pegadas, como seus perfis de mídia social, são criadas intencionalmente (Capítulo 2). Outras, como os registros de GPS extraídos de seu smartphone, são meros subprodutos de suas interações com a tecnologia (Capítulo 3).

Mas todas elas têm uma coisa em comum: oferecem uma janela fascinante para sua psicologia – os aspectos da sua identidade que definem quem você é além do que é visível a olho nu. Vamos nos aventurar no mundo da ideologia política, da orientação sexual, do status socioeconômico, da saúde mental, da capacidade cognitiva, dos valores pessoais e muito mais.

Mas a maior parte de nosso tempo juntos será passada no mundo dos traços de personalidade. É onde reside a maior parte das pesquisas existentes, inclusive a minha. E também é o mundo que tem recebido mais atenção e escrutínio público (pense em Cambridge Analytica).

Como a personalidade é um destino tão popular, quero nos colocar na mesma página sobre o que esperar dela – um curso intensivo para aspirantes a bisbilhoteiros, se você quiser (se você sabe tudo sobre personalidade, fique à vontade para pular para o Capítulo 2).

OS CINCO GRANDES TRAÇOS DE PERSONALIDADE

Como a maioria das pessoas, você provavelmente tem um conceito intuitivo de personalidade que orienta seu comportamento cotidiano e suas interações sociais.

Na minha escola, estava claro que Vera era a festeira, enquanto eu era, bem, a nerd que ia para casa às 23h quando todo mundo ainda estava dançando. No meu vilarejo, todos explicávamos as frequentes explosões de raiva do açougueiro com seu caráter impulsivo e irritável. E na universidade, todos previamos que Anne se tornaria uma advogada bem-sucedida devido a sua natureza competitiva.

Embora essas teorias leigas de personalidade nos ajudem a navegar em nosso mundo social, muitas vezes elas são implícitas e definidas de forma vaga. Você pode não ser capaz de explicar totalmente por que acha que uma determinada pessoa é irritável e pode não ser consistente em sua terminologia.

Às vezes, você pode rotular o mesmo comportamento como impulsivo, outras vezes como mal-humorado ou irritado.

Em contraste com as teorias leigas, os modelos científicos de personalidade oferecem uma abordagem estruturada para descrever como as pessoas diferem umas das outras nas formas de pensar, sentir e se comportar. Em vez de levar em conta toda a complexidade da identidade de alguém, eles fornecem aproximações pragmáticas de como a maioria das pessoas é.

Os resultados de um teste de personalidade, por exemplo, dirão a você que minha amiga de escola Vera é altamente extrovertida. Mas você não saberá se Vera é o tipo de pessoa que vai a festas para conversar com outras pessoas ou se ela vai lá principalmente para dançar. Ou talvez as duas coisas.

Os modelos científicos de personalidade sacrificam um alto nível de granularidade por um alto nível de consistência e comparabilidade. Você não conseguirá entender todas as nuances de quem é Vera. Mas poderá comparar diretamente o caráter dela com o de outras pessoas.

O modelo científico mais popular de personalidade é o das Big Five.[3] Talvez você também o conheça como modelo OCEAN, em homenagem aos cinco traços de personalidade que ele mede: abertura (*openness*) à experiência, conscienciosidade, extroversão, amabilidade e neuroticismo. Vou lhe dar a oportunidade de fazer um breve teste de personalidade em um minuto. Ele permitirá que você conheça seu próprio perfil de personalidade antes de embarcarmos em nosso tour de espionagem.

Mas, primeiro, vou acrescentar um pouco mais de cor às cinco características. Você também pode ver um resumo na Tabela 1-1.

TABELA 1-1 As Big Five em poucas palavras.

Traço de personalidade	Baixa	Alta
Abertura	Prático; realista; tradicional; conservador; preferência pelo familiar	Imaginativo; curioso; original/criativo; apreço pela arte, beleza e estética; mente aberta
Conscienciosidade	Flexível, despreocupado, desorganizado; não confiável; espontâneo	Organizado; confiável; orientado a metas; detalhista; autodisciplinado
Extroversão	Reservado; quieto; introspectivo; ponderado; solitário	Sociável; falante; dinâmico; entusiasmado; assertivo
Amabilidade	Crítico; contundente; cético; competitivo; mente independente	Compassivo; cooperativo; confiante; altruísta; diplomático
Neuroticismo	Calmo; emocionalmente estável; resiliente; confiante; fundamentado	Ansioso; emocional; sensível; nervoso; facilmente estressado

Fonte: adaptada de Gerald Matthews Ian J. Deary, and Martha C. Whiteman, *Personality traits*. (Cambridge, UK: Cambridge University Press, 2003).

Abertura à experiência: a característica de Picasso

A abertura à experiência (ou simplesmente abertura) refere-se ao grau em que as pessoas preferem a novidade à convenção. As pessoas com pontuação alta em abertura são intelectualmente curiosas, sensíveis à beleza, individualistas, imaginativas e não convencionais. Você pode encontrá-las envolvidas em discussões filosóficas, viajando pelo mundo, explorando novos restaurantes, visitando um museu, escrevendo poesia ou pintando.

Por outro lado, as pessoas com baixa pontuação em abertura são pé no chão e mais conservadoras em seus valores (inclusive políticos). Elas podem não se empolgar com a ideia de viajar para lugares novos e desconhecidos e, em vez disso, preferem voltar ao seu hotel *all-inclusive* preferido de todos os tempos na Riviera.

O pintor, escultor, gravurista, ceramista, cenógrafo, poeta e dramaturgo espanhol Pablo Picasso é um excelente exemplo de personalidade de mente aberta. Considerado um dos artistas mais talentosos de sua época e uma das figuras mais inspiradoras e influentes do século XX, Picasso fez experiências com uma grande variedade de estilos artísticos ao longo de sua carreira e deu origem a mais formas novas de expressão artística do que qualquer outro artista da época (por exemplo, a colagem ou o movimento cubista). A citação "Outros viram o que é e perguntaram por quê. Vi o que poderia ser e perguntei por que não" capta perfeitamente a mistura de curiosidade intelectual, preferência por novidades e interesse artístico de Picasso, o que também caracteriza o traço de personalidade da abertura.

Conscienciosidade: o traço de Angela Merkel

Conscienciosidade refere-se ao grau em que as pessoas preferem uma abordagem organizada ou flexível na vida. Ela capta como controlamos, regulamos e direcionamos nossos impulsos.

As pessoas com pontuação alta em conscienciosidade são organizadas, confiáveis, perfeccionistas e eficientes. Elas tendem a ser boas em seguir regras, resistir à tentação e cumprir horários. E adoram a ordem. Tudo precisa estar no lugar certo. Tudo precisa ser perfeito.

Por outro lado, as pessoas com baixa pontuação em conscienciosidade são mais espontâneas, impulsivas, descuidadas, distraídas ou desorganizadas. Elas não se preocupam tanto com as realizações e, em vez disso, adotam uma abordagem muito mais relaxada e espontânea da vida. Elas podem esperar até o último minuto para estudar para uma prova ou planejar suas férias a caminho do aeroporto. E, sim, são elas que se esquecem regularmente dos aniversários de seus amigos ou de seu próprio aniversário de casamento.

Já ouvi algumas pessoas chamarem a conscienciosidade de traço alemão. Presumo que isso crie a imagem de uma pessoa meticulosamente organizada e perfeccionista. O tipo de pessoa que organiza as meias de acordo com a cor e empilha os livros em ordem alfabética. É por isso que eu a chamo de característica de Angela Merkel – sempre perfeitamente preparada e confiável (devo dizer que, infelizmente, essa característica não se aplica a todos os alemães).

Extroversão: a característica de Lady Gaga

A extroversão refere-se ao grau em que as pessoas gostam de companhia e buscam excitação e estímulo. Ela é marcada por um acentuado envolvimento com o mundo externo, em vez de se sentir confortável em sua própria companhia.

As pessoas com pontuação alta em extroversão podem ser descritas como enérgicas, ativas, falantes, sociáveis, extrovertidas e entusiasmadas. Elas adoram gente. Na verdade, é mais como ADORAM gente. Você provavelmente as encontrará em reuniões sociais, tentando ser o centro das atenções e entretendo a multidão. São charmosos e geralmente cheios de energia e emoções positivas (como eles dirão a você com prazer).

Ao contrário disso, as pessoas com baixa pontuação em extroversão são mais reservadas, quietas ou retraídas. Elas valorizam seu tempo livre e são muito mais introspectivas do que suas contrapartes extrovertidas. Por que desperdiçar seu tempo e energia com outras pessoas quando você pode se perder em pensamentos e devaneios?

Para mim, o ícone que melhor capta a essência da extroversão é a cantora Lady Gaga (pelo menos a persona pública que ela representa; infelizmente, nunca a conheci). A excêntrica cantora é extremamente extrovertida e enérgica. Suas roupas são lendárias. Elas são projetadas para atrair o máximo de atenção possível.

Amabilidade: o traço de Madre Teresa

A amabilidade reflete a necessidade das pessoas de cooperação e harmonia social. Ela fornece *insights* sobre as maneiras como expressamos nossas opiniões e gerenciamos relacionamentos.

As pessoas com pontuação alta em amabilidade geralmente confiam, têm coração mole, são generosas e simpáticas. Como o que importa para elas é a harmonia social, elas evitam confrontos sempre que possível, fazem o possível para não ofender ou insultar e estão preparadas para fazer sacrifícios pessoais a serviço dos outros (por exemplo, por meio de doações ou voluntariado).

Por outro lado, as pessoas com baixa pontuação em amabilidade são mais competitivas, teimosas, autoconfiantes ou agressivas. Elas não têm problemas em se manifestar quando não gostam de algo ou quando acreditam que algo precisa ser mudado.

Um dos ícones de amabilidade que chamou a atenção do público foi Madre Teresa, a freira altruísta, generosa e atenciosa que fundou uma congregação religiosa para ajudar os membros mais vulneráveis da sociedade. Um símbolo de altruísmo e bondade. Sua instituição de caridade forneceu casas para pacientes que morriam de HIV/AIDS, hanseníase e tuberculose e hoje patrocina refeitórios e clínicas de saúde móveis, além de administrar escolas e orfanatos.

Neuroticismo: o traço Leitão

Por fim, o neuroticismo (também conhecido inversamente como estabilidade emocional) refere-se ao grau em que as pessoas experimentam emoções negativas. Ele reflete a facilidade com que lidamos com as demandas da vida e respondemos a elas.

As pessoas com pontuação alta em neuroticismo são ansiosas, nervosas e mal-humoradas. Elas tendem a ficar irritadas com desafios aparentemente pequenos e preocupam-se muito. Será que vou ficar doente? Vou ser demitido? É seguro usar o metrô?

Por outro lado, as pessoas com baixa pontuação em neuroticismo são mais estáveis emocionalmente, otimistas e autoconfiantes. Em geral, são tranquilas e não se estressam rapidamente. Perdeu o metrô? Recebeu um e-mail enigmático do chefe? Tem visitas em casa? As pessoas emocionalmente estáveis mantêm a calma e seguem em frente.

O ícone do neuroticismo é um dos meus personagens de ficção favoritos: Leitão. Leitão é um porquinho e um dos melhores amigos do Ursinho Pooh. No desenho animado da Disney, ele gagueja, está sempre nervoso e teme o vento e a escuridão. Quando fica com medo, suas orelhas começam a se contorcer. Na maior parte do tempo, Leitão pensa em todas as possíveis maneiras pelas quais as situações podem dar errado. Sua mente se enche de pensamentos negativos que pulam de um pior cenário para o outro.

...

O que define quem somos é nossa combinação particular desses traços de personalidade. É o que chamamos de perfil de personalidade.

Pense em Lady Gaga. Eu a apresentei como o ícone da extroversão, mas ela também tem uma pontuação alta em abertura. E essas duas características não são independentes; elas se influenciam mutuamente. É improvável, por exemplo, que Lady Gaga expressasse sua franqueza por meio de roupas estridentes e não convencionais se não fosse também extrovertida e interessada em chamar a atenção.

Imagine alguém que tem a mente aberta, mas é bastante introvertido. Lembrou de alguém? A amiga que me vem imediatamente à mente é uma com quem estudei na pós-graduação. Ela tinha a mente muito aberta, mas também era extremamente introvertida. Como você pode imaginar, roupas chamativas não eram exatamente o seu forte. Em vez disso, ela adorava ir a museus e devorava literatura clássica.

QUAL É A SUA PERSONALIDADE?

Vamos nos voltar a você agora. Se você nunca fez um teste dos Cinco Grandes Fatores antes, recomendo que invista os próximos minutos fazendo isso. Isso tornará o restante do livro muito mais relevante e envolvente. Você pode visitar o site oficial deste livro, www.mindmasters.ai/mypersonality, ou fazer uma versão mais simples com papel e lápis no Apêndice A, no final do livro.

Ao responder às perguntas e interpretar seus resultados, quero que você tenha uma coisa em mente: não há traços inerentemente bons ou ruins. A pontuação alta ou baixa em cada uma das cinco dimensões da personalidade tem suas próprias vantagens e desvantagens.

Por exemplo, você pode se sentir tentado a considerar a alta amabilidade – a tendência a confiar e ser atencioso – uma boa característica. Ser amigável e confiante certamente tem suas vantagens em alguns aspectos da vida (por exemplo, relacionamentos e trabalho em equipe), mas níveis extremos de amabilidade também podem ser considerados excessivamente ingênuos, oportunistas e sem o nível necessário de assertividade.

Embora ser um pouco desagradável (ou seja, crítico e competitivo) possa não trazer muitos amigos, isso é importante quando você precisa tomar decisões difíceis ou assumir a liderança em um ambiente competitivo. O mesmo se aplica ao neuroticismo. Poucas pessoas querem ser vistas como ansiosas e vulneráveis. No entanto, embora ser altamente neurótico certamente represente desafios para a saúde das pessoas, também é frequentemente associado a um grande potencial inovador e à genialidade – especialmente quando associado a altos níveis de abertura. Basta pensar no fundador da Apple, Steve Jobs. Conhecido por ser altamente neurótico, a natureza ligeiramente excêntrica de Jobs e sua capacidade de estar em contato com suas próprias emoções é o que o tornou uma das figuras mais bem-sucedidas do século XXI.

De qualquer forma, faça o teste.

...

Agora que você sabe como as máquinas aprendem e como é o seu próprio perfil de personalidade, estamos prontos para mergulhar na pesquisa sobre como os computadores podem prever esses perfis sem que você precise tocar em um questionário. Eu já disse que os computadores são melhores do que colegas, amigos e familiares quando se trata de prever sua personalidade a partir de curtidas no Facebook. Como eles fazem isso? E que outras peças do quebra-cabeça da personalidade nossos perfis de mídia social contêm?

CAPÍTULO 2

As identidades que criamos online

Em 17 de dezembro de 2020, P. Surya, de 13 anos, subiu em cima de um vagão de trem em Nova Deli, Índia, para tirar uma selfie ousada. Ele tocou em um fio elétrico e foi queimado vivo. A morte de Surya não é um incidente isolado. Desde 2011, mais de 259 pessoas em todo o mundo morreram em acidentes relacionados a selfies. Isso representa mais mortes do que as causadas por ataques de tubarão. Na Índia, o problema está tão disseminado que destinos turísticos populares, como Mumbai, instituíram zonas livres de selfies em toda a cidade. Da mesma forma, o governo russo ficou tão alarmado com o número crescente de mortes relacionadas a selfies que começou a distribuir panfletos educando o público sobre como tirar selfies com segurança.

Por que as pessoas arriscam suas vidas em busca da foto perfeita do Instagram ou passam horas criando o vídeo perfeito do TikTok? Por que somos tão obcecados em compartilhar nossas vidas nas mídias sociais? A resposta é simples: Estamos lutando por atenção. Queremos ser vistos.

Conforme demonstrado pela ciência, a autodivulgação é inerentemente gratificante. Compartilhar a própria opinião ou atitudes com outras pessoas causa um pico de atividade no centro de prazer do cérebro.[1] Essa é a parte do cérebro que normalmente entra em ação quando recebemos recompensas como comida, dinheiro, sexo ou heroína. Sim, você leu corretamente. Compartilhar informações sobre você aciona uma resposta cerebral semelhante à de receber dinheiro ou fazer sexo. Na verdade, é tão bom falar sobre nós mesmos que estamos dispostos a abrir mão de dinheiro para compartilhar nossa vida interior com os outros.

Mas isso é apenas a metade da história. As plataformas de mídia social são projetadas para incentivar a autodivulgação, tornando o compartilhamento fácil e socialmente gratificante. Com que frequência você verifica suas curtidas, compartilhamentos ou retweets? A cada 30 minutos? A cada dez? A cada cinco? Como seres sociais, ansiamos por feedback positivo de nosso ambiente e das pessoas ao nosso redor. Essa funcionalidade de feedback é o que torna os sites de mídia social tão viciantes.

É também o que torna os sites de mídia social o campo de caça ideal para o que os psicólogos chamam de *reivindicações de identidade* – expressões deliberadas da identidade de uma pessoa. Assim como comuniquei minha identidade às outras pessoas da minha vila colocando um adesivo provocante no meu carro, pintando o cabelo ou usando um moletom dos Ramones, as plataformas de mídia social incentivam seus usuários a contar suas histórias e compartilhar suas identidades com outras pessoas. Você pode seguir a página oficial de fãs da Beyoncé, publicar sobre suas férias nas Ilhas Seychelles ou compartilhar uma foto do delicioso hambúrguer que comeu no almoço. Um número impressionante de 80% das atualizações de status publicadas em sites de mídia social, como o Facebook ou o X/Twitter, concentram-se diretamente na experiência imediata de uma pessoa.[2] Naturalmente, presumimos que esses rastros contêm informações sobre seus proprietários. Por que, caso contrário, os recrutadores consultariam as páginas de mídia social dos candidatos antes de contratá-los? Por que o governo dos EUA incentivaria os solicitantes de visto a vincular suas contas de mídia social? E por que será que a maioria de nós persegue nossos parceiros online antes de conhecê-los?

As pesquisas confirmam nossa intuição. Ao estudar os perfis de mídia social de estranhos, podemos obter percepções válidas sobre a psicologia deles.[3] Contudo, nossos julgamentos não são tão precisos quanto os feitos por computadores.

O ABC DA ESPIONAGEM POR ALGORITMOS

A intuição por trás da segmentação psicológica é simples. Imagine que você faz parte de uma unidade de análise de perfis no FBI. Você recebeu o seguinte perfil: Alvo X, um usuário anônimo que gosta da Hello Kitty, publica sobre sua paixão por personagens de anime e mangá e compartilha vídeos da famosa banda coreana BTS.

Agora, descreva o usuário para mim. Faça uma suposição fundamentada de quem é ele. Sua idade, gênero, etnia e personalidade. Aqui está meu melhor palpite: Adolescente. Asiática. Introvertida e de mente aberta, possivelmente neurótica. Presumo que seu palpite possa ser semelhante (geralmente há um alto nível de consenso).

Como você chegou à sua conclusão? Provavelmente, você se baseou em sua experiência. Sua lembrança e impressão de pessoas com interesses semelhantes aos do misterioso Alvo X. Podem ser pessoas próximas a você. Pessoas que você conhece tangencialmente por meio de amigos. Ou pessoas que você só viu na TV. Quando julgamos estranhos com base em nossas observações de seu comportamento, tendemos a pensar na pessoa prototípica do mesmo perfil comportamental – a moda (ou seja, a opção mais comum) ou a média, se você quiser.

Na ausência de qualquer outra informação, tomar a pessoa média como ponto de comparação é sua melhor aposta (e a do computador também). É claro que você cometerá erros. Acontece que o Recorde Mundial do Guinness para a maior coleção de memorabilia da Hello Kitty em 2017 foi mantido por Masao Gunji, de 67 anos, um policial aposentado do Japão.[4]

As previsões que fazemos – e as relações nas quais essas previsões se baseiam – são probabilísticas, não determinísticas. Elas nos ajudam a fazer suposições fundamentadas sobre o mundo com informações incompletas. É muito mais provável que o perfil do Alvo X pertença a uma jovem adolescente do que a um policial aposentado de 67 anos. Mas nunca devemos usar nossas intuições para tirar conclusões definitivas sobre um indivíduo.

O mesmo ocorre com as previsões feitas pelos computadores. Suas previsões podem ser mais sistemáticas do que as nossas, mas elas sempre refletem suposições informadas, nunca a verdade. O julgamento de um algoritmo sobre as características de uma pessoa são generalizações exageradas e, portanto, podem parecer bastante estereotipadas.

Observe as nuvens de palavras na Figura 2-1, que foram publicadas em um artigo de Andrew Schwartz e colegas em 2013. Elas mostram as palavras nas atualizações de status das pessoas no Facebook que mais indicam ser do sexo masculino ou feminino (parte superior = feminino, parte inferior = masculino), divididas em uma nuvem de palavras geral no meio e em tópicos agrupados na borda externa. (Você pode classificar o sexo das pessoas com uma precisão de mais de 90% apenas observando o que elas publicam nas mídias sociais). Quanto maior a palavra, mais fortemente ela está correlacionada com o fato de você ser homem ou mulher; e quanto mais escura a palavra, mais frequentemente ela aparece nos status das pessoas.

As nuvens de palavras são tão estereotipadas quanto meu exemplo do Alvo X, mas são baseadas em dados reais. As mulheres postam sobre compras, bebês e namorados, enquanto os homens xingam e conversam sobre esportes e videogames. Talvez as mulheres realmente sejam de Vênus e os homens de Marte, afinal.

Ao mergulharmos juntos na ciência da segmentação psicológica, é importante lembrar que os relacionamentos que mostrarei a você estão livres de qualquer julgamento normativo. Eles descrevem o mundo como ele é (ou era, já que normalmente trabalhamos com dados históricos), e não como ele deveria ser – uma distinção fundamental entre descrição e prescrição que destacarei repetidamente ao longo da primeira parte do livro.

Também é importante lembrar que os *insights* não se limitam a plataformas específicas. Grande parte da minha própria pesquisa – e a de meus colegas – baseou-se em dados do Facebook. Mas você pode fazer previsões semelhantes com dados de todas as outras plataformas sociais, como TikTok, Instagram, Reddit, Snapchat e outras. Sempre que há uma maneira de as pessoas se expressarem online, há uma maneira de reunir reivindicações de identidade e transformá-las em perfis psicológicos.

O MUNDO DAS CURTIDAS NO FACEBOOK

O Curtir do Facebook (também conhecido como polegar para cima) é um recurso icônico da plataforma. É uma maneira fácil para os usuários expressarem o que gostam e apreciarem o conteúdo que outros usuários geram e compartilham. Todos nós já fizemos isso. O Amigo 1 publica um vídeo fofo de um gato e nós gostamos. Em seguida, o Amigo 2 publica um comentário sarcástico tirando sarro do Amigo 1 por publicar vídeos de gatos – e nós também gostamos. Um passatempo divertido, com certeza.

Mas não é sobre esse tipo de curtidas que falarei neste capítulo. Meu foco são as páginas oficiais do Facebook que os usuários podem curtir ou seguir.

FIGURA 2-1 Palavras nas atualizações de status dos usuários no Facebook que indicam gênero.

Fonte: H. Andrew Schwartz et al., "Personality, Gender, and Age in the Language of Social Media: The Open-Vocabulary Approach," *PloS One* 8, no. 9 (2013): e73791. Disponível em: https://doi.org/10.1371/journal.pone. 0073791. Permissão via: https://creativecommons.org/licenses/by/4.0/

A página oficial do jogador de futebol Lionel Messi no Facebook tem cerca de 101 milhões de seguidores, por exemplo. Taylor Swift tem 77 milhões e Barack Obama, 56 milhões. Mas não são apenas as celebridades e outros figurões que têm páginas no Facebook. Qualquer pessoa pode criar uma. Em 2019, havia mais de 60 milhões de páginas ativas no Facebook.

Por que páginas do Facebook? Em 2013, juntamente com dois de seus colegas, Michal Kosinski mostrou que as curtidas no Facebook previam uma série de características sociodemográficas e psicológicas: idade, sexo, uso de drogas, ideologia política, orientação sexual, QI, satisfação com a vida e personalidade das pessoas.[5] Além de relatar a precisão de seus modelos preditivos, o artigo também incluía uma série de exemplos de páginas do Facebook que indicam diferentes características pessoais.

Observe as duas listas de curtidas do Facebook na Tabela 2-1. Ambas estão relacionadas ao traço de personalidade da extroversão. Uma delas reflete pessoas reservadas e quietas (introvertidas), e a outra reflete pessoas expansivas e sociáveis (extrovertidas). Quero que você adivinhe qual é a lista.

Você tem a resposta? Vejamos. Os extrovertidos estão à esquerda e os introvertidos à direita. Se você gosta de *beer pong* (um jogo de festa popular em que os jogadores tentam acertar uma bola de pingue-pongue em um copo de cerveja sobre a mesa), de líderes de torcida ou de Michael Jordan (lista A),

TABELA 2-1 Curtidas no Facebook relacionadas ao traço de personalidade de extroversão.

Lista A	Lista B
Beer pong	RPGs
Michael Jordan	Fanfiction.net
Dança	Programação
Socialização	Anime
Chris Tucker	Mangá
Sinto-me melhor bronzeado	Videogames
Atuar como modelo	RPG
Lider de torcida	Minecraft
Teatro	Voltaire
Vira copo	Terry Pratchett

Fonte: adaptada de Michal Kosinski, David Stillwell e Thore Graepel, "Private Traits and Attributes Are Predictable from Digital Records of Human Behavior", *Proceedings of the National Academy of Sciences* 110, no. 15 (2013): 5802-5805.

é mais provável que você seja extrovertido. Se, em vez disso, você se interessa mais por anime, Minecraft ou Terry Pratchett (lista B), é mais provável que seja introvertido. Faz muito sentido, não? Os extrovertidos são enérgicos, falantes e sociáveis, o que não surpreende que a maioria dos gostos extrovertidos esteja relacionada a atividades sociais (por exemplo, *beer pong*, líderes de torcida, dança, socialização) e tenha um certo grau de busca de atenção potencial (por exemplo, líder de torcida, modelo, dançarino).

O mesmo grau de intuitividade se aplica à lista de gostos introvertidos. Sabendo que os introvertidos são geralmente tímidos, reservados e quietos, faz sentido que eles prefiram atividades que não exijam outras pessoas (por exemplo, programação, leitura de anime ou de romances de Terry Pratchett e jogos de videogame).

Vamos dar uma olhada em outro exemplo. Desta vez, deixarei que você tente adivinhar qual traço de personalidade está associado às duas listas da Tabela 2-2. Lembre-se de que ainda temos abertura, conscienciosidade, amabilidade e neuroticismo na disputa (sinta-se à vontade para voltar ao resumo de todos os traços de personalidade na Tabela 1-1, se quiser).

O que os círculos de oração, *Amor de redenção* e a Compaixão Internacional têm em comum? E como eles diferem de Eu odeio todo mundo, você,

TABELA 2-2 Lista de curtidas no Facebook relacionadas a um dos cinco grandes traços de personalidade.
Continue lendo para saber qual é.

Lista A	Lista B
Compaixão internacional	Eu odeio todo mundo
Logan Utah	Eu odeio você
Jon Foreman	Eu odeio a polícia
Amor de redenção	Friedrich Nietzsche
A pornografia prejudica	Timmy de South Park
O Livro de Mórmon	Ateísmo/Satanismo
Círculos de oração	Prada
Ir à igreja	Sun Tzu
Cristianismo	Júlio César
Marianne Williamson	Facas

Fonte: adaptada de Michal Kosinski, David Stillwell e Thore Graepel, "Private Traits and Attributes Are Predictable from Digital Records of Human Behavior", *Proceedings of the National Academy of Sciences* 110, no. 15 (2013): 5802-5805.

e a polícia e Júlio César? A primeira lista deixa você com um brilho caloroso, enquanto a segunda lista gera uma quantidade considerável de desconforto. Você já se decidiu por um traço de personalidade? É a amabilidade (as listas dos três traços de personalidade restantes estão no Apêndice B).

A lista A fala de pessoas que se preocupam, confiam e têm empatia – os caras legais que estão inseridos na comunidade da igreja e fazem doações para caridade. A lista B é o oposto. Um grupo de pessoas críticas e competitivas que odeiam praticamente tudo, gostam de facas e satanismo e seguem modelos como Júlio César, Sun Tzu e Timmy de South Park. E a ciência finalmente confirmou: o diabo veste Prada!

Aqui está uma rodada de bônus. A Tabela 2-3 mostra uma característica psicológica que todos vocês conhecem (prometo), mas não é um traço de personalidade. Dê uma olhada nas duas listas e veja se você consegue descobrir.

Vou lhe dar uma dica. Provavelmente será mais fácil adivinhar a característica se você se concentrar na lista A. Os gostos que eu consideraria mais intuitivos são ciência, *O sol é para todos* e Mozart.

A resposta é inteligência (ou o que hoje chamamos de capacidade cognitiva). A lista A reflete alta inteligência; a lista B, baixa inteligência. Como você pode ver, a lista A está relacionada à leitura, ao humor sofisticado e à ciência. Em contrapartida, os itens da lista B são muito mais práticos e tangíveis.

TABELA 2-3 Lista de curtidas do Facebook relacionadas a uma característica psicológica.

Lista A	Lista B
O Poderoso Chefão	Jason Aldean
Mozart	Tyler Perry
Tempestades	Sephora
The Colbert Report	CHiQ
Voz de Morgan Freeman	Bret Michaels
The Daily Show	Clark Griswold
Senhor dos Anéis	Bebê
O sol é para todos	Eu amo ser mãe
Ciência	Harley Davidson
Fritas espirais	Lady Antebellum

Fonte: adaptada de Michal Kosinski, David Stillwell e Thore Graepel, "Private Traits and Attributes Are Predictable from Digital Records of Human Behavior", *Proceedings of the National Academy of Sciences* 110, no. 15 (2013): 5802-5805.

O único ponto de interrogação são as batatas fritas em espiral. Por que você comer fritas espirais – por mais deliciosas que sejam - estaria relacionado à alta inteligência? Não há nenhuma razão óbvia. No entanto, elas estavam nos dados que Kosinski e seus colegas estudaram. É possível que houvesse um grupo de estudantes universitários altamente inteligentes que decidiram gostar de batatas fritas em espiral. Ou talvez haja lógica nisso, e eu simplesmente não seja inteligente o suficiente para descobrir. Pode ser tudo isso ou nada disso. Simplesmente não sabemos.

A razão pela qual menciono esse exemplo é porque ele ilustra uma lição importante sobre as relações entre nossas pegadas digitais e características psicológicas. As relações que observamos não são causais. Comer batatas fritas espirais não o tornará mais inteligente, e é igualmente improvável que o fato de você ser mais inteligente o torne geneticamente predisposto a gostar dessas batatas. Mas o fato de não conseguirmos explicar a relação entre os dois não significa que não possamos usá-la. Sem qualquer compreensão, a relação ainda pode nos ajudar a fazer previsões.

Se meu objetivo for prever se uma pessoa é inteligente, talvez eu não me importe com o significado mais profundo das pistas. Não importa se eu entendo por que gostar de batata frita está relacionado a uma inteligência mais elevada. Tudo o que importa é que isso acontece. Se eu confiar nos dados, devo presumir que a próxima pessoa que eu encontrar no Facebook que gostar de batatas fritas espirais também será relativamente inteligente.

Para ser claro, a relação entre gostar de batatas espirais e inteligência pode mudar com o tempo (e o fato de não haver nenhuma razão óbvia para que ela exista torna isso muito mais provável). Mas, pelo menos no momento em que você observar uma determinada relação, essa relação o ajudará a prever o resultado, independentemente de você entender seu significado ou não.

O MUNDO DAS PALAVRAS

Dê uma olhada nestas duas publicações do X/Twitter e tente formar uma imagem dos dois autores. Qual é a aparência deles? Qual é a idade deles? É mais provável que sejam do sexo feminino ou masculino? Extrovertidos ou tímidos? Liberais ou conservadores?

ADEUS COVID ALÔ DANÇAR feliz pela Austrália! Rezando pelo resto do mundo para que todos nós possamos dançar juntos em breve

No #MLKDay, celebramos sua vida, mas também somos chamados a viver seus valores por meio do nosso próprio serviço. Aqui estão algumas maneiras pelas quais você pode se envolver em sua comunidade:

O primeiro tweet é de Lady Gaga; o segundo, de Barack Obama. Talvez você não tenha pensado em Lady Gaga e Barack Obama ao ler esses tweets, mas aposto que as imagens que você criou em sua mente provavelmente não estavam muito distantes.

O psicólogo James Pennebaker, da Universidade do Texas, em Austin, foi um dos primeiros a defender o poder da linguagem como uma janela para nossa psique. Pennebaker estudou sobre como escrever sobre nossas experiências traumáticas poderia ajudar a nos curar.[6]

Ao ler alguns dos textos de seus pacientes, ele não pôde deixar de notar como eles eram diferentes, tanto no conteúdo quanto no estilo. Enquanto algumas pessoas recitavam seus traumas em um tom quase natural, sem revelar qualquer identificação emocional com a história, outras pareciam consumidas pela raiva e pelo desespero. Outros, no entanto, refletiam sobre o que havia acontecido com uma visão otimista do futuro.

Essas diferenças poderiam prever como um indivíduo lidaria com o trauma? Elas poderiam ser usadas para aprender algo sobre os estados mentais íntimos desses indivíduos?

Em sua busca para responder a essas perguntas, Pennebaker criou todo um campo de pesquisa científica baseado na ideia de que é possível quantificar objetivamente aspectos da linguagem e relacioná-los às nossas experiências psicológicas (voltarei a falar de Pennebaker e de suas descobertas mais tarde, fique atento).

O que torna a linguagem uma peça tão fascinante do quebra-cabeça de quem somos é o fato de ela ser onipresente. Passamos cerca de 50 a 80% de nossas horas de vigília envolvidos em algum tipo de comunicação. Isso pode significar cumprimentar um estranho no metrô, ter uma conversa profunda com um de nossos amigos íntimos, escrever um e-mail para um colega, deixar uma mensagem de voz para nossos filhos ou anotar nossos pensamentos em um diário. Mas também pode significar postar em nossa plataforma de mídia social de escolha (experimental): Facebook.

As nuvens de palavras na Figura 2-2 foram geradas com base nas atualizações de status do Facebook de quase 75 mil usuários. Se você é muito velho, muito jovem ou simplesmente autodisciplinado o suficiente para não ter uma conta no Facebook, deixe-me informá-lo sobre o que são as atualizações de status do Facebook (e transmitir minha admiração; muito bem!). As atualizações de status do Facebook oferecem aos usuários a oportunidade de compartilhar o que está em sua mente por meio de texto, imagens ou vídeos. Você pode decidir compartilhar o conteúdo apenas com seu círculo de amigos ou distribuí-lo publicamente para que o mundo inteiro veja.

Tudo o que você precisa para criar essas nuvens de palavras – e desvendar os segredos psicológicos e lógicos da linguagem – é simplesmente contar a frequência com que palavras diferentes aparecem na atualização de status de um determinado usuário. Com que frequência a pessoa fala sobre festas, o fim de semana ou computadores? Depois de fazer isso para todos os 75 mil usuários do seu conjunto de dados, você pode começar a ligar os pontos calculando correlações básicas entre frequências relativas de palavras e traços de personalidade. É muito fácil.

Agora, dê uma olhada mais de perto nas duas nuvens de palavras (como antes, quanto maior a palavra, mais fortemente ela está associada ao respectivo traço de personalidade; quanto mais escura a palavra, mais comum ela é). Você tem alguma ideia de qual traço de personalidade elas podem representar? É extroversão, novamente (A= extroversão, B= introversão). Você pode literalmente ver o nerd introvertido sentado em frente ao computador, navegando na Internet, tendo acabado de ler outro mangá. E você pode imaginar o extrovertido que está tããããão animado com a incrível noitada planejada para o próximo fim de semana. Amo essas garotas! Eu poderia ter previsto que os extrovertidos falam sobre festas. Mas nunca teria pensado em colocar as palavras "tããããão" ou "tem que" na minha lista de indicadores. Essa é uma percepção que somente os próprios dados poderiam me oferecer.

A Figura 2-3 é a minha favorita (os três traços de personalidade restantes estão no Apêndice B). A figura mostra apenas a primeira metade. É alta amabilidade. A nuvem de palavras tem um brilho caloroso. Ela está cheia de elogios, notas de agradecimento abençoadas, celebrações de Feliz Dia de Ação

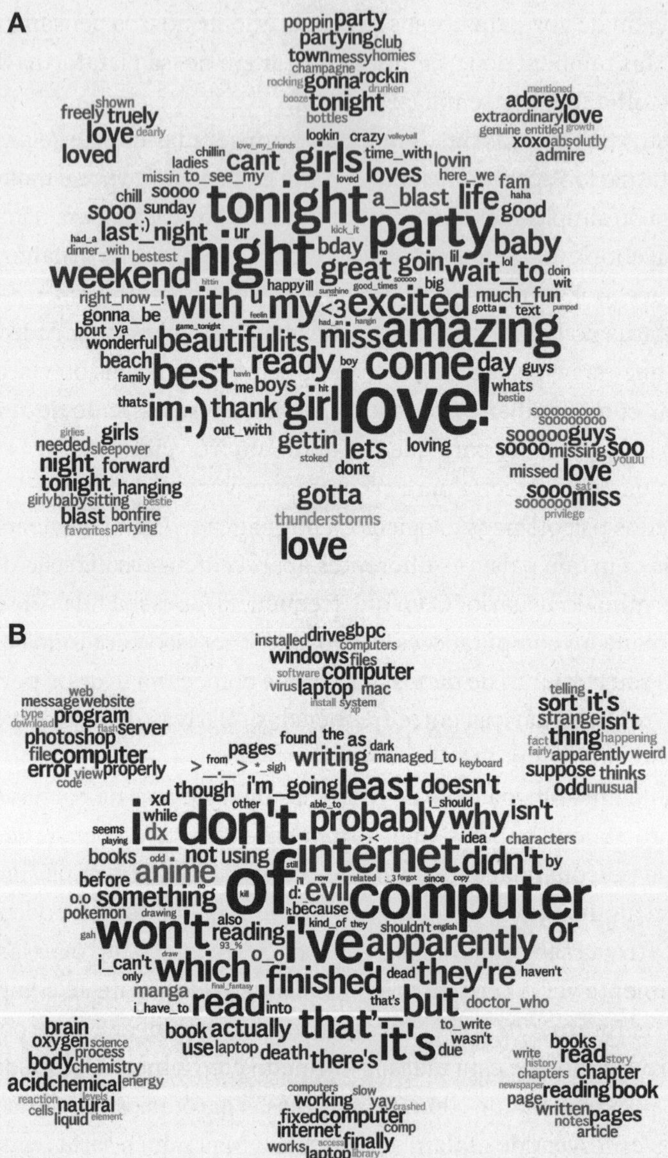

Figura 2-2 As palavras nas atualizações de status no Facebook mais fortemente correlacionados com o fato de você ser extrovertido (A) e introvertido (B).

Fonte: H. Andrew Schwartz et al., "Personality, Gender, and Age in the Language of Social Media: The Open-Vocabulary Approach," *PloS One* 8, no. 9 (2013): e73791. Disponível em: https://doi.org/10.1371/journal.pone.0073791. Permissão via: https://creativecommons.org/licenses/by/4.0/.

de Graças e Natal e um sentimento irresistível de que o mundo é simplesmente um lugar maravilhoso. Antes de você olhar para a nuvem de palavras de baixa amabilidade, adivinhe como ela seria. Quais palavras poderiam indicar que você tem uma personalidade bastante crítica, competitiva e briguenta? Conseguiu formar uma imagem mental em sua mente? Uma palavra de advertência: ela não será bonita. Você pode vê-la na Figura 2-4.

Sem mais comentários.

Mas a personalidade não é a única característica psicológica que podemos inferir da linguagem. Já mencionei o trabalho do psicólogo James Pennebaker, que começou a estudar as ligações entre a linguagem e a saúde mental nas décadas de 1980 e 1990. Cerca de três décadas – e muitos avanços metodológicos – depois, temos amplas evidências de que a intuição de Pennebaker estava certa: nossa linguagem oferece um vislumbre de nosso bem-estar psicológico e saúde mental.

Veja o uso de pronomes de primeira pessoa, como "eu", "me" ou "eu mesmo", por exemplo. Alguma ideia sobre o que o uso dessas palavras pode dizer sobre você? Meu primeiro palpite, quando Pennebaker fez essa pergunta em uma conferência acadêmica, foi que deveria ser narcisismo. "Por que alguém se importaria com algo que não fosse eu? Vamos lá, pessoal, prestem

Figura 2-3 As palavras nas atualizações de status das pessoas no Facebook mais fortemente correlacionadas com a amabilidade.

Fonte: H. Andrew Schwartz et al., "Personality, Gender, and Age in the Language of Social Media: The Open-Vocabulary Approach," *PloS One* 8, no. 9 (2013): e73791. Disponível em: https://doi.org/10.1371/journal.pone.0073791. Permissão via: https://creativecommons.org/licenses/by/4.0/.

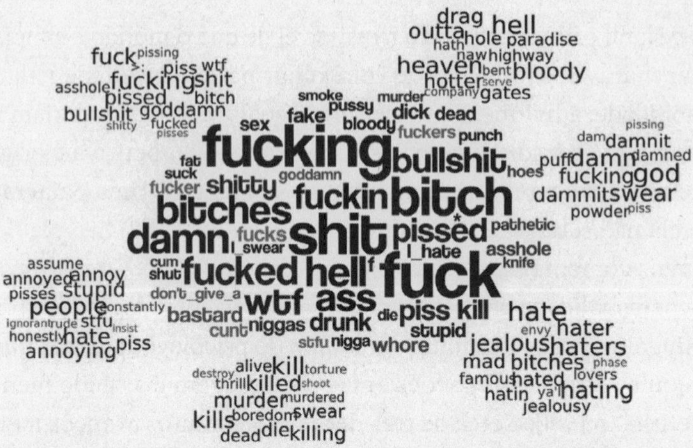

Figura 2-4 As palavras nas atualizações de status das pessoas no Facebook mais fortemente correlacionadas com baixa amabilidade.

Fonte: H. Andrew Schwartz et al., "Personality, Gender, and Age in the Language of Social Media: The Open-Vocabulary Approach," *PloS One* 8, no. 9 (2013): e73791. Disponível em: https://doi.org/10.1371/journal.pone.0073791. Permissão via: https://creativecommons.org/licenses/by/4.0/.

atenção em quem é realmente importante aqui!" Eu estava errada. As referências a você mesmo não fazem de você um narcisista. Em vez disso, elas são indicadores de sofrimento emocional.

Você está surpreso? Eu também fiquei. Mas pare um pouco e pense na última vez em que você se sentiu realmente deprimido. Sobre o que você estava pensando? No futuro da humanidade? É improvável! Quando nos sentimos deprimidos, geralmente pensamos em nós mesmos. Por que estou me sentindo tão mal? Será que algum dia vou melhorar? Por que não consigo lidar com essa situação com mais sucesso? Quando as coisas parecem sombrias para nós, tendemos a olhar para dentro, focar em nós mesmos e ruminar.

E como não podemos monitorar constantemente nossos pensamentos e sentimentos (especialmente quando estamos deprimidos), esse monólogo interior infiltra-se na linguagem que usamos quando nos expressamos para os outros. Talvez não admitamos abertamente que estamos nos sentindo mal, mas não podemos deixar de falar mais sobre nós mesmos do que o normal. Um estudo realizado por Allison Tackman e colegas da Universidade do Arizona sugere que os indivíduos que sofrem de depressão usam cerca de 40% mais pronomes em primeira pessoa do que seus colegas saudáveis; são 600 por dia.[7]

Mas não é apenas a extensão em que falamos sobre nós mesmos que revela como nos sentimos. Um de meus estudos favoritos nessa área foi conduzido pelo psicólogo Johannes Eichstaedt e colegas, que examinaram as atualizações de status do Facebook e os registros médicos de 683 pacientes.[8] Apenas observando as palavras que as pessoas usavam para descrever suas experiências no Facebook, Eichstaedt conseguiu prever com precisão se uma pessoa estava sofrendo de depressão em 72% dos casos (sendo que 50% seria por acaso, ou um lance de moeda).

Setenta e dois por cento pode parecer longe de ser perfeito. E é. O ideal é que esse número seja o mais próximo possível de 100%. No entanto, acontece que 72% é quase tão bom quanto a precisão de pesquisas de triagem curtas que são comumente usadas em um diagnóstico de saúde mental. E, de repente, uma precisão de 72% obtida por um modelo de computador que bisbilhota seus status no Facebook torna-se bastante notável.

Figura 2-5 As palavras nas atualizações de status das pessoas no Facebook estão mais fortemente correlacionadas à depressão clínica.

Fonte: Johannes C. Eichstaedt, et al., "Facebook Language Predicts Depression in Medical Records," Proceedings of the National Academy of Sciences 115, no. 44 (2018): 11203–11208.

Vamos explorar algumas das relações subjacentes a essas previsões. As nuvens de palavras na Figura 2-5 mostram as palavras (organizadas por tópicos) que mais indicam que você está deprimido. Elas se relacionam com humor e afeto negativos (lágrimas, choro, enjoo), desafios interpessoais, inclusive solidão e hostilidade (sentir falta, irritado, chateado, nervosismo, ódio) e queixas somáticas com referências médicas (dor de cabeça, doente, machucado, dor, hospital).

Como eu disse antes, não podemos fazer nenhuma afirmação sobre causa e efeito. A solidão faz com que as pessoas fiquem deprimidas ou a solidão é um subproduto da depressão? O fato de você ter problemas de saúde somática resulta em problemas de saúde mental ou a saúde mental ruim contribui para os sintomas físicos? Muito provavelmente, as ligações são mútuas. Mas isso não importa se o seu objetivo for simplesmente identificar as pessoas em risco (e oferecer-lhes apoio).

O que eu acho particularmente fascinante nessas nuvens de palavras é a forte conexão entre a saúde física (ou seja, queixas somáticas) e a saúde mental. Geralmente pensamos no corpo e na mente de forma isolada. No entanto, a pesquisa de Eichstaedt sugere que ambos estão intrinsecamente ligados. A dor física pode facilmente se transformar em uma dor mental e vice-versa. Como essas descobertas destacam, a vinculação de pegadas digitais a traços psicológicos não apenas abre uma janela para a psicologia das pessoas, mas também pode nos dar *insights* valiosos sobre nossa psicologia coletiva.

Às vezes, essas percepções são divertidas. Às vezes, são tranquilizadoras. E, às vezes, são bastante perturbadoras. Deixe-me mostrar a você o que quero dizer com um exemplo final. Não se trata de um traço psicológico no sentido clássico. No entanto, é uma característica pessoal que a maioria de nós considera privada: nossa renda ou posição socioeconômica.

Menos de 10% dos usuários de plataformas de relacionamento online fornecem informações sobre sua renda, e a maioria das pessoas não discute seus salários nem mesmo com seus amigos mais próximos ou familiares. Embora a Lei Nacional de Relações Trabalhistas de 1935 tenha concedido aos funcionários dos Estados Unidos o direito de divulgar seus salários, a norma cultural ainda considera isso inadequado. Um comentarista do *The Atlantic* captou habilmente esse sentimento em sua comparação: "Perguntar a um colega de trabalho sobre o salário parece semelhante a perguntar sobre sua vida sexual".[9]

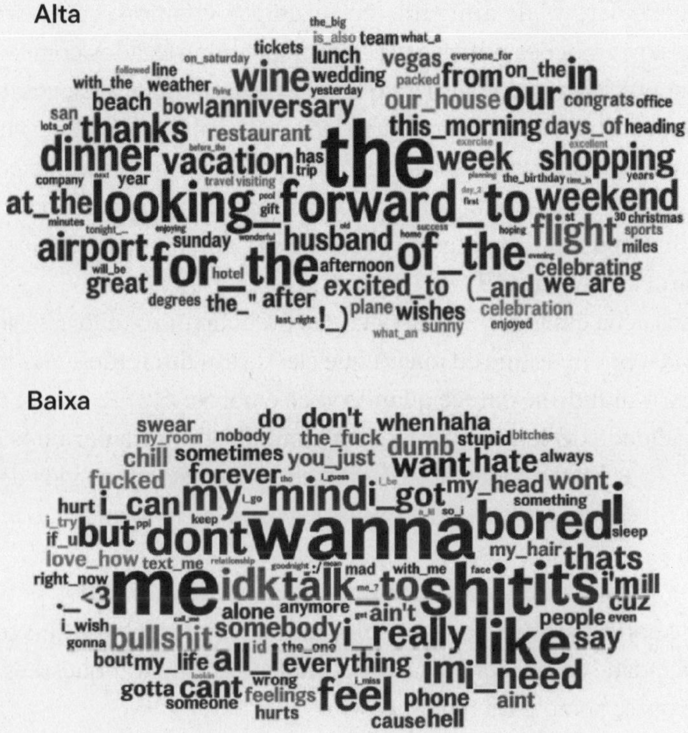

Figura 2-6 As palavras nas atualizações de status das pessoas no Facebook mais fortemente correlacionadas com o nível de renda.

Fonte: Sandra C. Matz, et al., "Predicting Individual-Level Income from Facebook Profiles", PloS One 14, no. 3 (2019): e0214369. Disponível em: https://doi.org/10.1371/journal.pone.0214369.

Como algumas de minhas próprias pesquisas mostraram, um modelo relativamente simples treinado com base nas atualizações de status das pessoas no Facebook pode adivinhar a renda anual de um indivíduo com uma margem de erro de cerca de US$ 10.000.[10] Não é perfeito, mas também não é ruim. Entretanto, o que realmente me chamou a atenção foram algumas das relações que observamos nos dados. Observe as nuvens de palavras na Figura 2-6. As diferenças entre o que os ricos e os pobres falam são notáveis e pintam um quadro perturbador, mas não necessariamente inesperado.

As pessoas de alta renda falam sobre férias (por exemplo, férias, voo, praia, Las Vegas, aeroporto) e atividades agradáveis que geralmente exigem um gasto considerável de dinheiro (por exemplo, compras, comemoração). Eles expressam emoções positivas (por exemplo, empolgados com, ótimo) e usam palavras e frases voltadas para o futuro (por exemplo, ansiosos, depois). Os indivíduos de baixa renda, por outro lado, são mais focados em si mesmos (por exemplo, eu preciso, eu posso, eu consigo, eu), expressam-se por meio de linguagem mais coloquial (por exemplo, blz, pq), compartilham sentimentos predominantemente negativos (por exemplo, dor, ódio, chateado) e usam mais palavrões e emoticons.

Se você acha essas nuvens de palavras preocupantes, não está sozinho. Elas são. Mas, por mais que eu queira que elas sejam diferentes, elas não são. É assim que o mundo se parece quando você é pobre.

A capacidade de refletir verdades incômodas de volta para nós é parte do que torna o Big Data poderoso. Ele oferece uma janela para a vida de outras pessoas, fornecendo-nos perspectivas às quais, de outra forma, não teríamos acesso. Em alguns casos, essas percepções são hilárias (lembre-se das nuvens de palavras para amabilidade). Em outros casos, os resultados podem ser chocantes e condenatórios para as sociedades em que vivemos. Mas ter acesso a essa realidade descritiva é uma oportunidade de apontar questões sociais urgentes e obter apoio para mudanças.

Não é de surpreender, por exemplo, que as pessoas de baixa renda sejam mais focadas em si mesmas, enquanto suas contrapartes de alta renda sonham com o futuro. Não é que as pessoas pobres sejam egoístas. É que pensar no futuro é muito difícil quando você está lutando para sobreviver no presente. É um luxo não ter que pensar em si mesmo e na situação financeira precária em que você se encontra o tempo todo.

O MUNDO DOS PIXELS

Todos conhecemos o ditado "Uma imagem vale mais que mil palavras". Isso certamente é verdade quando se trata de ver nascer o primeiro dente de sua sobrinha ou vê-la dar seu primeiro passeio de bicicleta. Você pode ter uma noção do que está acontecendo se seu irmão ou irmã descrever essa experiência em um e-mail ou mensagem de texto. Mas não é a mesma coisa que você receber uma foto ou, melhor ainda, um vídeo do evento. A experiência se torna muito mais identificável e real.

Mas será que isso também é verdade no mundo da segmentação psicológica? As fotos que publicamos são mais indicativas de quem somos do que as palavras que falamos? A resposta curta é não. Com base na ciência mais recente, as fotos são menos preditivas de traços psicológicos do que as curtidas no Facebook ou a linguagem. Entretanto, isso não significa que elas não ofereçam nenhum *insight* (e isso pode muito bem mudar no futuro, quando tivermos maneiras mais sofisticadas de analisá-las). Um computador que tenta distinguir entre um extrovertido e um introvertido, por exemplo, acertará em cerca de 70% dos casos (50% é o acaso). Se você tentasse realizar a mesma tarefa, acertaria apenas cerca de 60% das vezes.

Transformar fotos em perfis psicológicos não é uma tarefa trivial. Trabalhar com imagens é um pesadelo. Elas não são estruturadas e são complexas. As curtidas no Facebook são fáceis de quantificar. Ou você curte uma página ou não. Você tem um ou zero. É bem fácil. As palavras são um pouco mais complicadas, mas ainda assim fáceis de contar. As imagens, por outro lado, são uma combinação de milhões de pixels que só fazem sentido quando você os coloca juntos de uma determinada maneira.

A maneira mais simples de analisar imagens é dividir sua complexidade em um conjunto finito de recursos concretos. Por exemplo, você pode começar identificando os objetos que estão presentes na imagem. Uma cadeira, várias pessoas, um gato, óculos, uma lâmpada. Não há necessidade de fazer isso manualmente; os algoritmos de reconhecimento de objetos farão o trabalho para você. O que mais você pode fazer? Você pode descrever a cor da imagem. Muito vermelho, um pouco de azul. Alta saturação, principalmente cores quentes. A partir daí, você pode pular para a composição da imagem (se você é fotógrafo, sabe do que estou falando). Como os elementos da imagem estão organizados? Ela está dividida em muitas regiões pequenas e distintas ou consiste principalmente em algumas regiões maiores? Os elementos são simétricos? Isso é apenas para que você tenha uma ideia. Quase não há limite para o número de características que você pode extrair.

Vamos dar uma olhada em um exemplo do trabalho da cientista da computação italiana Cristina Segalin, que demonstrou que as fotos que publicamos e curtimos nas mídias sociais são tão preditivas de nossa personalidade quanto nossos gastos com cartão de crédito (que abordarei no próximo capítulo).[11] As duas colagens que você verá ao escanear o código QR a seguir (desculpe, essa é sua única opção, pois precisamos de cores para esta) mostram imagens do Flickr que as pessoas adicionaram à sua lista de favoritos (o Flickr costumava ser uma plataforma líder de hospedagem de imagens e vídeos com recursos de rede social; ainda existe, mas é muito menos popular do que costumava ser). Se não conseguir acessar as imagens, deixe-me descrevê-las para você. Uma delas é uma mistura alegre de imagens coloridas com flores, pôr do sol, locais culturais e comida. A outra é um conjunto bastante sombrio de imagens, em sua maioria cinza, sem um foco específico no tópico. Você tem alguma ideia de qual traço de personalidade as duas colagens podem refletir? É o neuroticismo.

Você deve estar se perguntando: É realmente tão surpreendente (ou interessante) que as fotos que as pessoas curtem ou publicam nos digam algo sobre quem elas são? Não é esse o objetivo de você gostar delas e publicá-las em primeiro lugar? E as pistas que o algoritmo usa para fazer previsões sobre a personalidade das pessoas também não parecem ser sobre a pessoa. São as cores e o conteúdo básico da imagem que orientam os julgamentos. É um bom argumento. Até agora, esse era o caso. Mas esse não é o único sinal que os computadores podem usar para bisbilhotar sua vida psíquica interna.

EU POSSO VER ISSO EM SEU ROSTO

A parte que deixei de fora até agora é a mais contestada entre os cientistas e geralmente deixa as pessoas horrorizadas (inclusive eu). Mas é também a parte que, se verdadeira, deve fazer você parar e reconsiderar a maneira como pensa sobre fotografias. Estou falando da capacidade de prever as características psicológicas das pessoas a partir de seus rostos.

A fisionomia – a arte de julgar o caráter de alguém com base nas características faciais – não é nova. Ela tem uma história longa e obscura que remonta à Grécia antiga. Diz-se que Pitágoras selecionava seus alunos com base em suas características faciais. O capitão do Beagle quase cancelou a viagem histórica de Charles Darwin porque achava que o nariz de Darwin revelava falta de determinação e energia. Cesare Lombroso (o fundador da antropologia criminal) acreditava que os criminosos podiam ser identificados por características como a maciez da pele, a aparência infantil ou a espessura do cabelo. E os principais cientistas do regime nazista usaram evidências pseudocientíficas para perpetuar o antissemitismo.

Por fim, a validade de tais afirmações fisionômicas foi universalmente desmascarada. A ideia de que era possível inferir características pessoais a partir da aparência física das pessoas, especialmente do rosto, saiu de moda. E com razão. Nenhuma das afirmações originais feitas pelos primeiros defensores da fisionomia resistiu ao teste de uma investigação científica sólida e muitos dos casos de uso foram horríveis.

Entretanto, os recentes avanços na visão computacional reacenderam o interesse científico nas relações entre nossas características físicas e nossa personalidade e caráter. Isso me leva de volta a um velho amigo nosso, Michal Kosinski (sim, ele gosta de assuntos polêmicos), cuja pesquisa sugere que os computadores podem prever com precisão sua personalidade, orientação sexual e até mesmo ideologia política a partir do seu rosto.

Veja uma das descobertas mais controversas, por exemplo: a capacidade dos computadores de prever se você se identifica como heterossexual ou homossexual apenas observando seu rosto.[12] Com apenas uma foto, a precisão do computador para alvos masculinos é de 81%. Com cinco fotos, essa precisão sobe para 91%. Para as mulheres, a precisão é um pouco menor, com 71% para uma foto e 83% para cinco.

Se o que acabei de dizer deixa você inquieto e questiona se estou delirando, eu entendo. A ideia de que minha personalidade, orientação sexual ou ideologia política poderia ser prevista apenas olhando para o meu rosto é, no mínimo, assustadora. Também é difícil acreditar que isso possa ser verdade. Quando ouvi pela primeira vez sobre a pesquisa, achei que era ridículo. Eu não estava sozinha nesse sentimento. O trabalho de Kosinski e de outros pesquisadores recebeu uma grande resistência, tanto do público quanto de outros pesquisadores.

Mas tenha paciência comigo por um minuto e deixe-me canalizar os argumentos de Kosinski para explicar por que podemos, em princípio, esperar que nossos rostos reflitam nossa vida psíquica interna. Vamos começar com uma fonte totalmente não científica: a letra da música "The story of your life is in your face", de 1972, do cantor e compositor americano Tom Hall:

> He said the story of your life is in your face
> It's written there in little subtle lines
> The story of your life is in your face
> What's written on your face has been heavy on your mind
>
> *Tradução livre*
> Ele disse que a história de sua vida está em seu rosto.
> Está escrita em pequenas linhas sutis
> A história de sua vida está em seu rosto
> O que está escrito em seu rosto tem pesado em sua mente

A música é uma bela homenagem à forma como nossos rostos funcionam como uma tela para nossas emoções. As linhas do sorriso, por exemplo, contam a história de uma vida repleta de felicidade e risos – ambos conhecidos como a marca registrada da extroversão. À medida que nossas experiências psicológicas se acumulam ao longo dos anos, elas podem alterar nossa aparência física, inclusive nossas características faciais.

Da mesma forma, é provável que nossas características faciais exerçam pelo menos alguma influência sobre nosso caráter. Digamos que você tenha nascido um bebê lindo. Rosto simétrico, olhos grandes, bochechas rosadas. Querendo ou não, a Mãe Natureza preparou você para o sucesso. Quando você é criança, os adultos podem parar com mais frequência para dizer oi e sorrir para você. Quando adolescente, você pode ser mais popular. Seria realmente tão surpreendente que, com todas essas experiências sociais positivas, você se tornasse um pouco mais extrovertido? Esse não é apenas um exemplo hipotético, mas uma descoberta científica real. Indivíduos atraentes recebem mais feedback social positivo de seu ambiente e, como resultado, tornam-se mais extrovertidos.[13]

E, por fim, há uma lista completa de fatores que podem influenciar os traços faciais e as características psicológicas. Pense na sua educação, em fatores ambientais ou simplesmente em variações nos níveis hormonais.

Veja a testosterona, por exemplo, que ocorre naturalmente em todos nós. A que você associa a esse hormônio? Masculinidade? Agressão? Aceitar riscos?

Bem, todas elas são verdadeiras. Os níveis de testosterona influenciam sua aparência física, fazendo com que você pareça mais masculino (por exemplo, afetando a relação largura/altura do seu rosto). Ao mesmo tempo, dar testosterona às pessoas pode alterar o comportamento e a personalidade delas, de modo que se tornem mais agressivas e busquem riscos.

Digamos que a história da fisionomia não existisse e que eu tivesse acabado de contar a você sobre todos os caminhos possíveis pelos quais os traços faciais e as características pessoais poderiam estar relacionados. Você não acha que há pelo menos alguma razão para considerar isso uma possibilidade?

Para ser clara, isso não é necessariamente uma boa notícia. Se pudermos prever as características de uma pessoa a partir de seu rosto, isso poderá ter consequências terríveis (como o próprio Kosinski adverte em seu trabalho). Mas a forma como nos sentimos em relação às implicações de tal pesquisa deve ser independente de acreditarmos ou não na pesquisa em si.

NO FUNDO DO POÇO

Com isso em mente, vamos começar a explorar como os algoritmos podem usar seu rosto como uma janela para o que está além dele. Como vimos anteriormente, os computadores podem extrair de uma imagem uma lista de recursos relacionados a conteúdo, cor, composição e assim por diante. Os rostos são diferentes. Dois olhos, uma boca e um nariz. Não é exatamente o material ideal para bisbilhotar. Precisamos de mais informações. Magia de verdade. O mais próximo que podemos chegar disso é uma abordagem computacional chamada aprendizagem profunda ou redes neurais profundas.

A aprendizagem profunda é uma tentativa de fazer com que os computadores imitem o funcionamento do cérebro humano. Como seres humanos, olhamos para um objeto ou cena e imediatamente sabemos o que está acontecendo. Processamos os milhões de partículas de luz que atingem nossa retina a cada milissegundo e as transformamos em uma imagem coerente. O que está acontecendo nos bastidores são bilhões de neurônios disparando em diferentes níveis de abstração cognitiva.

A aprendizagem profunda é baseada na mesma ideia. Assim como o cérebro humano, as redes neurais profundas consistem em várias camadas de neurônios que processam informações e decidem se devem passar essas informações para a próxima camada. Em vez de trabalhar com um conjunto predeterminado de recursos, as redes neurais começam considerando cada pixel de uma imagem (camada mais baixa). Ao longo de muitas (muitas!) tentativas e erros, as redes aprendem como determinadas constelações de pixels estão relacionadas a conceitos mais abstratos (por exemplo, esta imagem contém um gato ou este rosto é extrovertido?).

Você pode pensar nisso como uma organização. Há diferentes níveis de hierarquia, com muitos funcionários na base e um CEO no topo. Em cada nível da organização, os funcionários devem processar as informações e decidir o que seus superiores precisam saber. Isso vai até o topo. Embora o CEO nunca veja todas as informações individuais, suas decisões são (idealmente) informadas pelo conhecimento coletivo da organização.

Os modelos computacionais em si são muito complexos para serem interpretados. Mas não precisamos entender a arquitetura neural do modelo para ter uma ideia do que está acontecendo por trás dele. Se um modelo puder classificar com precisão as pessoas em extrovertidas e introvertidas (com base em nossa validação e com base em respostas de pesquisas autorrelatadas), então o modelo deve estar fazendo algo certo. Isso significa que podemos simplesmente examinar as previsões que ele faz.

Dê uma olhada nas duas fotos da Figura 2-7. Elas foram tiradas do trabalho em andamento de Michal Kosinski e Poruz Khambatta.

Eu sei. Elas parecem retratos sonhadores e com foco suave. E de certa forma são. São representações de um introvertido e de um extrovertido, conforme idealizado por um algoritmo. Uma foto é a combinação (uma transformação) dos rostos femininos no conjunto de dados que foram previstos como os mais extrovertidos, e a outra é uma combinação dos que foram previstos como os mais introvertidos (e sim, você pode fazer a mesma coisa para homens e etnias que não sejam caucasianas; só não pode misturá-los). Tenho certeza de que você tem uma noção de qual é qual. Os introvertidos estão à esquerda; os extrovertidos estão à direita. Como você chegou a essa conclusão? Os olhos? O cabelo? O formato do rosto?

Eis o que vejo quando olho para as fotos: os rostos dos extrovertidos são mais magros, eles sorriem, seus olhos parecem ser maiores e mais claros, eles não usam óculos e têm cabelos mais claros.

E aqui está o que intuí com base em minhas observações: As mulheres extrovertidas são vaidosas; elas pintam o cabelo, recusam-se a usar óculos e

Figura 2-7 Morfologia dos dez rostos mais introvertidos e extrovertidos, conforme previsto pelo algoritmo.

Fonte: Michal Kosinski, "The End of Privacy", trabalho apresentado na convenção anual da Society for Personality and Social Psychology, San Diego, 28 a 30 de janeiro de 2016.

trocam as chatas lentes de contato transparentes por lentes azuis. E quanto ao fato de seus rostos serem mais finos? Bem, pode ser que as extrovertidas sejam mais obcecadas com seu peso. Mas também pode ser que eles sejam simplesmente melhores em tirar fotos. Eles podem ter descoberto que tirar fotos de cima faz com que seu rosto pareça mais magro. Tenho certeza de que os introvertidos também descobriram isso. Mas talvez eles simplesmente não se importem. Você quer mais evidências para essa teoria? Dê uma olhada nas narinas. Claramente visíveis para os introvertidos, mas nem um pouco visíveis para os extrovertidos.

Isso levanta uma questão importante. Quanto do que o algoritmo capta são diferenças reais nas características faciais, em oposição aos hábitos de cuidados pessoais e à maneira como as pessoas tiram fotos? Se tudo o que você quer é prever com precisão os traços de personalidade das pessoas, essa distinção talvez não o incomode tanto. Se o sinal for consistente, você poderá aproveitar todas as dicas de aparência que puder obter.

No entanto, se você é um cientista que alega relações diretas entre traços faciais e características pessoais, precisa de uma resposta melhor. Kosinski e Khambatta estavam bem cientes disso.

Então, a equipe convidou estudantes da Universidade de Stanford para o laboratório. Foi pedido a todos os participantes que viessem barbeados, sem maquiagem e com os cabelos presos para trás com uma faixa de cabelo. Todas as fotos foram tiradas exatamente do mesmo ângulo, usando o mesmo fundo e a mesma câmera. Em outras palavras, as fotos foram mantidas tão constantes e livres de sinais de confusão quanto possível. Se os efeitos das duas amostras online fossem um mero artefato das habilidades de preparação e fotografia, o algoritmo de Kosinski deveria falhar de forma espetacular nessa amostra altamente controlada. Mas não foi o que aconteceu. Ele se saiu tão bem quanto na amostra original (ou até melhor).

ALÉM DA MÍDIA SOCIAL

Como cientista social computacional, fico fascinada com a capacidade dos computadores de transformar perfis de mídia social em previsões altamente íntimas da psicologia das pessoas. Isso é notável. Inovador.

No entanto, como usuária de mídia social, a ideia é muito menos atraente. É assustadora. Intrusiva. Se você é um dos poucos sortudos que resistiu ao vórtice da mídia social ou excluiu sua conta definitivamente, talvez esteja se parabenizando agora mesmo. Muito bem, você se salvou das garras malignas do Big Brother, enquanto o restante de nós está condenado. Gostaria que isso fosse verdade. Mas não é.

Basta você pensar no poder das palavras quando se trata de revelar o estado mental interno de uma pessoa. Claro, você pode obter essas palavras nas redes sociais. É um ponto de partida fácil. Mas não precisamos confiar na linguagem escrita publicada nas redes sociais para fazer inferências sobre quem você é. Os avanços na tecnologia de reconhecimento de fala tornaram mais fácil do que nunca transcrever palavras faladas em linguagem escrita. O que antes levava horas de transcrição manual agora pode ser feito em segundos, com a facilidade de um clique. Em vez de depender de suas publicações nas mídias sociais, podemos simplesmente ouvir suas conversas. Você provavelmente tem um smartphone, não é? E talvez outros dispositivos inteligentes, como a Alexa ou uma TV Samsung, que vêm equipados com controle de voz.

O mesmo se aplica às fotos. Elas têm uma propriedade que as torna particularmente desafiadoras quando se trata de privacidade. Você tem alguma ideia? Se nada lhe vier à mente, você provavelmente está pensando em suas próprias fotos. Não há nada inerentemente errado em compartilhá-las nas redes sociais. Pode ser gostoso ver outras pessoas compartilhando os momentos que são importantes para nós. Mas essa é apenas uma pequena parte das fotos de nós que circulam por aí.

Seus amigos podem publicar fotos da sua última viagem de fim de semana à praia, e seu colega pode compartilhar aquela selfie que você tirou na festa de fim de ano. Ou talvez você passe por acaso no fundo do vídeo do TikTok de um completo desconhecido durante as férias nas Bahamas. Para que você participe da diversão, seus amigos provavelmente marcarão você. E mesmo que não o façam, os algoritmos de reconhecimento facial podem assumir essa tarefa em questão de segundos. Embora você tenha controle sobre as páginas que segue ou sobre os assuntos que publica, as fotos geralmente têm vida própria. E, da última vez que verifiquei, não havia como simplesmente deixar seu rosto em casa se você quisesse passar despercebido.

E o mais importante é que a mídia social não é o único retrato da sua vida digital. Há muitas outras fontes de dados que não requerem uma contribuição selecionada ou mesmo a sua cooperação direta para acompanhar o seu comportamento. Suas pesquisas no Google criam um registro de seus segredos e perguntas mais íntimos. Seu cartão de crédito sabe exatamente o que, onde e quando você compra. E seu smartphone é equipado com um exército de sensores que coletam sua localização atual, analisam a luz ambiente, capturam a atividade física e avaliam quantas interações sociais você tem (por exemplo, monitorando suas chamadas e mensagens).

Resistir à tentação de usar a mídia social pode ser ótimo para o seu bem-estar. Mas isso não protegerá você de deixar os tipos de rastros digitais que podem ser usados para traçar um perfil psicológico. Como mostrarei no próximo capítulo, você pode e será visto.

CAPÍTULO 3

As migalhas de pão digitais de nossa existência

Eu estava em pé ao lado do palco de um pequeno auditório no W Hotel em Chicago, esperando para dar uma palestra sobre a ciência da felicidade. Faltando apenas alguns instantes para a apresentação, meu coração começou a bater mais rápido. Eu estava nervosa – o tipo de nervosismo que faz você questionar suas escolhas de vida.

Por que eu havia concordado com isso? O que eu (ou qualquer outra pessoa) sabia sobre o tema da felicidade digital? Isso existia mesmo ou era apenas um item inventado em uma lista de bingo de besteiras corporativas? Mas já era tarde demais para pensar duas vezes. Tudo estava pronto. Eu estava com o microfone ligado, meu primeiro slide estava sendo exibido na tela e o moderador estava prestes a me apresentar ao público.

Foi então que um dos organizadores me chamou de lado.

O segundo palestrante da sessão não havia aparecido. O organizador tentou ligar para ele várias vezes, mas não obteve resposta. Será que eu estaria disposta a falar por uma hora inteira em vez de trinta minutos? Ah... um pouco surpresa, mas com certeza.

Eu estava com tudo. Meu público estava engajado, minhas piadas estavam rendendo e eu tinha mais tempo para contar outras anedotas e ideias. Em resumo, eu estava arrasando.

Porém, após cerca de 25 minutos de minha palestra, os organizadores me avisaram que o outro palestrante havia chegado. Eu tinha que encerrar minha apresentação nos próximos cinco ou dez minutos.

Você está falando sério? Que idiota! Chega atrasado e rouba meu tempo extra.

Espero que ele seja péssimo.

Eu finalizei às pressas – sorrindo por fora, mas fervendo por dentro – e saí do palco.

Vamos adiantar seis horas. Depois de um jantar de recepção com os participantes da conferência, me vejo sentada em um bar com... bem, sim, "o outro palestrante". Ele é atraente, inteligente e engraçado. Tomamos alguns coquetéis, jogamos pingue-pongue (não me seguro; não é uma partida amistosa) e fofocamos sobre outros acadêmicos que conhecemos. Quando o bar fecha, não é preciso ser muito convincente para que eu vá à casa dele.

Assim que entramos em seu apartamento, comecei a bisbilhotar. Quero avaliar seu caráter. Pelo que sei, ele pode ser um *serial killer* atraente, inteligente e engraçado.

A primeira coisa que noto é uma enorme parede de biblioteca repleta de livros. Livros em inglês, francês e hebraico sobre ciência, literatura e arte. Eles estão classificados de acordo com o tópico e a altura, todos perfeitamente alinhados com a borda frontal das prateleiras. Quem é essa pessoa? Um leitor organizado? Obsessivo-compulsivo?

A seguir: bebidas. Abro os armários para procurar copos. Todos estão perfeitamente espaçados e limpos. Nem uma única marca d'água. Será que isso é mágica dele ou da faxineira? Recebo a resposta quando volto para a sala de estar e tento colocar nossas bebidas na mesa de centro. Ele se levanta da cadeira para colocar porta-copos embaixo dos copos. De fato, obsessivo-compulsivo.

A noite correu bem. Muito bem. Mais quatro anos se passam. O misterioso leitor de livros e eu estamos trocando alianças em um pequeno *loft* em Manhattan, dizendo sim a uma vida inteira juntos.

As primeiras impressões que tive naquela primeira noite em seu apartamento mostraram-se 100% corretas. Meu marido é a pessoa mais curiosa que já conheci e pode ser um pouco maluco por ordem. E sim . . . ele também continua se atrasando.

MIGALHAS DE PÃO DIGITAIS

Assim como o apartamento do meu marido, nossas vidas e os espaços físicos que habitamos estão repletos de pistas sobre quem somos. Alguns desses sinais são o tipo de reivindicação intencional de identidade que discuti no capítulo anterior. Os livros que decidimos empilhar em nossas prateleiras ou os pôsteres que penduramos nas paredes.

Mas outras pistas são criadas inconscientemente. As anotações bagunçadas na mesa do escritório, os ingressos de shows na lixeira ou os patins ao lado da porta. Os psicólogos referem-se a esses sinais como "resíduos comportamentais". O resíduo de nossas vidas que simplesmente está lá.

Penso nelas como as pegadas que deixamos ao caminhar pela praia. Ao contrário das reivindicações de identidade, elas não são intencionais. Não servem como um sinal explícito para os outros. Os resíduos comportamentais são o subproduto de nossas vidas. Um traço inevitável de nossas ações. Mas, enquanto as pegadas em uma praia são efêmeras – a próxima onda as levará embora –, os rastros que deixamos online geralmente são permanentes.

Por mais que eu me orgulhe de ser uma Sherlock Holmes feminina, não sou a única bisbilhoteira especializada. O psicólogo americano Sam Gosling demonstrou que as pessoas são extremamente precisas ao julgar a personalidade de estranhos quando têm a chance de bisbilhotar seus escritórios ou quartos.[1] Elas podem considerar o pôster de Andy Warhol no quarto de alguém como um sinal de abertura ou considerar a cama meticulosamente feita e as camisas perfeitamente dobradas como um indicador de conscienciosidade.

O mesmo se aplica aos nossos espaços digitais. Assim como no mundo analógico, muitos dos sinais de sua vida interior são criados inadvertidamente, sem que você pense duas vezes neles. Por exemplo, você não tem um público em mente quando digita suas perguntas mais mundanas ou mais profundas em uma barra de pesquisa. Cães podem comer melancia? (Podem.) Qual é o sentido da vida? (Não sei, mas acho que os cães têm um papel importante aqui.) Livres do julgamento dos outros, podemos perguntar ao Google o que quisermos e obter uma resposta em questão de segundos.

Da mesma forma, a maioria de nós não pensa muito sobre os rastros que deixa ao passar o cartão de crédito na cafeteria da esquina ou ao usá-lo para uma experiência de *checkout* perfeita na Amazon. É claro que gastamos parte do nosso dinheiro de forma a sinalizar nossas preferências para os outros. Comprar uma bolsa Gucci ou esbanjar em um novo Porsche é provavelmente uma reivindicação de identidade, tanto quanto postar sobre moda no Facebook. Entretanto, a maioria de nossas compras não é direcionada a roupas chamativas e carros caros.

E, finalmente, você não incentiva ativamente seu smartphone a coletar informações sobre seu paradeiro 24 horas por dia, 7 dias por semana, 365 dias por ano. Talvez você se conscientize desse rastreamento ao abrir o Google Maps, mas, na maioria das vezes, seu telefone simplesmente fica espreitando nas sombras. Ele sabe quando você sai de casa para ir ao trabalho, quais lugares visita e quanto tempo passa caminhando, correndo ou dirigindo.

Todos esses rastros de dados podem gerar percepções extremamente íntimas sobre sua vida. E, embora você e eu possamos usar essas migalhas de pão digitais para investigar a psicologia de nossos futuros maridos, nossas habilidades de bisbilhotar são insignificantes em comparação com as dos computadores.

Vamos dar uma olhada mais de perto em três tipos importantes de resíduos comportamentais que podem oferecer um vislumbre da sua psicologia: Pesquisas no Google, registros de gastos e sensores de smartphones.

NOSSO CONFIDENTE MAIS PRÓXIMO: GOOGLE

O Google é frequentemente tratado como uma bola de cristal que nos permite observar as tendências atuais, bem como os segredos mais bem guardados das sociedades. Em um de meus livros favoritos de todos os tempos (*Todo mundo mente*; se você ainda não o leu, recomendo que largue este livro agora mesmo para adquiri-lo), o cientista social e autor Seth Stephens-Davidowitz explora cinco anos de pesquisas no Google para revelar a "verdade" sobre os Estados Unidos.[2]

Um volume perturbadoramente alto de piadas racistas sugere que o país ainda é mais racista do que imaginamos. Um aumento nas buscas por informações sobre como fazer um aborto em si mesma podem ser o prenúncio de um aumento ainda não reconhecido de abortos clandestinos, que são particularmente predominantes em locais onde recentemente se tornou mais difícil conseguir um aborto. E, contrariando as suposições mais comuns sobre nossas vidas e hábitos sexuais, as mulheres têm duas vezes mais probabilidade de procurar respostas sobre por que seus namorados não fazem sexo com elas do que vice-versa. As observações de Stephens-Davidowitz são fascinantes porque oferecem uma visão imparcial e dinâmica da sociedade. Mas as pesquisas do Google podem fazer mais do que isso. Elas também nos permitem mergulhar na psique de um indivíduo.

Em 2020, participei do documentário *Made to Measure*, que reconstruiu a vida de Lisa, uma jovem austríaca, apenas observando suas buscas no Google, sem nunca tê-la conhecido.[3] Para dar vida às buscas do Google e transformá-las em uma narrativa pessoal, a produção contratou uma atriz para reconstituir os momentos mais íntimos do passado de Lisa. Desde sua infância em uma pequena comunidade em Tirol, passando por seu primeiro emprego como garçonete e seu treinamento profissional como confeiteira em Londres, até chegar a uma crise existencial.

A produção não apenas reconstruiu os lugares em que Lisa viveu com um nível surpreendente de detalhes, mas também sua vida psíquica interna. Veja na Tabela 3-1 algumas das buscas que Lisa fez:

As buscas pintam um quadro de uma jovem que luta contra o perfeccionismo e o estresse (categoria 1), sofre de distúrbios alimentares e depressão (categoria 2), uso de drogas (categoria 3) e problemas de saúde física (categoria 4) e teve de passar por uma gravidez inesperada e um aborto espontâneo (categoria 5).

Nenhuma dessas buscas foi feita para revelar a identidade de Lisa. No entanto, elas permitem um vislumbre altamente íntimo dos dias e horas mais sombrios de sua vida, muito mais íntimo do que Lisa esperava. Quando ela assiste às últimas cenas de sua vida – a perda de seu filho ainda não nascido – sendo representadas pela atriz sentada à sua frente, ela interrompe a entrevista ao vivo para se recompor.

As intuições dos cineastas sobre as ligações entre o que pesquisamos no Google e nossa vida psíquica interna podem ser facilmente automatizadas. Assim como você pode treinar um algoritmo para transformar publicações de mídia social em previsões de personalidade, status socioeconômico ou saúde mental, você pode treinar um algoritmo para traduzir as pesquisas do Google em perfis psicológicos.

Como as pesquisas do Google são muito mais difíceis de obter do que os perfis do Facebook ou do Twitter, a pesquisa sobre segmentação psicológica nesse contexto permanece relativamente escassa (o que provavelmente é bom). Mas não há dúvida quanto ao potencial dos dados. Como mostra Stephens-Davidowitz, as buscas por "depressão" atingem o pico em áreas com altas taxas de suicídio. E, embora existam grandes diferenças na porcentagem

TABELA 3-1 Pesquisas de Lisa no Google.

Categoria	Termos de pesquisa
1	O tempo livre é importante para a sobrevivência
	Melodramático
2	Tamanho zero
	Treinamento de insanidade
	Perda de peso
	Calorias no sushi
	Terapeuta para crises internas
	Cheirar cocaína
3	Colher de acessórios para drogas
	Um ano declaradamente doente
4	Faringite crônica aguda
	Remédio para resfriado
	Bronquite
	Primeiro mês de gravidez
5	Sangramento no início da gravidez
	Criança perdida nas primeiras semanas

de homens que se identificam abertamente como gays nos 50 estados dos EUA, o volume idêntico de pesquisas por pornografia gay sugere que nossas pesquisas no Google podem oferecer uma imagem muito mais verdadeira de nossas vidas mentais do que nossa fachada pública.

Como a saúde mental, a homossexualidade e outras características psicológicas íntimas ainda são estigmatizadas em grande parte do mundo, muitas pessoas estão recorrendo ao Google para obter ajuda. Ironicamente, a mesma ação que pode protegê-lo dos julgamentos de seus amigos, familiares e vizinhos também cria um registro permanente de quem você é no banco de dados do Google.

DINHEIRO, DINHEIRO, DINHEIRO...

Depois de passarmos um ano presos em casa em Chicago durante a Covid-19, meu marido e eu decidimos fugir para o México por dois meses de sol e escrita. Durante o dia, ficávamos sentados na varanda digitando febrilmente ao som do canto de um gaio verde e sentindo o calor do sol em nossa pele. À noite, andávamos pelas ruas de Playa del Carmen em busca de margaritas apimentadas e guacamole, absorvendo a atmosfera vibrante da cidade.

Certa noite, encontramos um jovem músico incrivelmente talentoso que cantava e tocava violão. Hipnotizados por sua voz, ficamos ali por um tempo ouvindo. Quando ele terminou a música, começamos a aplaudir com entusiasmo. Que experiência mágica. Mas então ele se aproximou e pediu dinheiro. Eu me senti péssima. Não tínhamos nenhum dinheiro conosco. Eu sabia que era verdade, mas parecia uma desculpa esfarrapada quando eu disse a ele. Para minha surpresa, ele sorriu, tirou um leitor de cartão do bolso e nos disse que também aceitava cartões, PayPal ou Venmo. Isso é inovação artística!

Nos Estados Unidos, apenas uma em cada quatro transações ainda é feita em dinheiro. O restante é registrado por cartões de crédito ou dispositivos móveis. Em outras partes do mundo (especialmente na Ásia), há uma adoção ainda maior de pagamentos sem dinheiro. As notas e moedas de papel podem em breve ser uma relíquia do passado. Como a máfia pode atestar, o dinheiro pode não ser o método de pagamento mais conveniente, mas é muito mais difícil de rastrear.

Toda vez que você passa seu cartão, você deixa um rastro. E, como se vê, esses rastros são muito mais íntimos do que você imagina. Tanto é que eles criam uma assinatura de gastos exclusiva que permite que outras pessoas identifiquem você entre milhões de consumidores.

Digamos que você more em Manhattan. Como qualquer outro nova-iorquino, você pode ter algumas moedas e notas sobressalentes com você, mas a maioria das suas transações é feita por meio do cartão de crédito ou do telefone. Agora, digamos que eu tenha acesso às transações com cartão de crédito de todos os 8,5 milhões de pessoas que moram em Nova York. Posso ver todas as suas transações, mas sem nomes. Completamente anônimo. Quais são as chances de eu saber qual registro de gastos pertence ao meu marido? É como encontrar uma agulha em um palheiro. No entanto, minhas chances estão próximas de 100%.

Como sugere um trabalho inovador do cientista da computação Yves-Alexandre de Montjoye, tudo o que preciso para resolver esse quebra-cabeça de quem é quem é o conhecimento de cerca de três de suas compras.[4] Se eu soubesse que meu marido foi ao Starbucks na 72nd Street com a Amsterdam às 8h42, almoçou no Yasaka Sushi às 13h33 e, por fim, pegou um táxi amarelo do Upper West Side para o Soho às 19h, eu o encontraria nos dados. É provável que haja apenas uma pessoa com essa assinatura exata. Combine o que uma pessoa compra com onde e quando ela compra, e *voilà*, você tem uma impressão digital exclusiva composta de $$$.

Mas passar o cartão de crédito ou teclar no telefone pode me dizer muito mais do que isso. Imagine que você encontrou o diário de uma pessoa que descreve o gasto de US$ 29,99 em uma blusa da Forever 21, um cheeseburger duplo no McDonald's e uma passagem de metrô. Provavelmente é uma mulher jovem. Assim como outros rastros digitais, nossas compras oferecem uma janela para nossos gostos, hábitos, estilos de vida, preferências e motivações.

Mais do que isso, gastar é uma forma de autoexpressão e, em geral, é altamente pessoal. Sim, todos nós precisamos de roupas. Mas as roupas específicas que você escolhe comprar ficam a seu critério (pelo menos em parte). Talvez eu decida optar por cortes clássicos em preto, enquanto você pode se arriscar usando roupas extravagantes e coloridas de passarela. E, sim, talvez você tenha que gastar boa parte de sua renda em bens essenciais, como transporte e mantimentos. Mas a maioria de nós tem pelo menos algum poder de decisão sobre as partes restantes de nossa renda (ou até mesmo sobre os meios de transporte ou os locais onde fazemos nossas compras).

De $$$ a traços de personalidade

Em 2018, meus colegas Joe Gladstone e Alain Lemaire e eu nos propusemos a explorar as relações entre o que compramos e quem somos.[5] Coletamos perfis de personalidade Big Five de mais de duas mil pessoas no Reino Unido e pedimos permissão para conectar esses perfis a suas contas bancárias. Para cada pessoa, pudemos observar todas as transações que fizeram durante seis meses. Sabíamos o que elas compravam e quanto gastavam.

Como o universo de possíveis compras é quase infinito, concentramos nossa investigação em um conjunto de categorias de gastos comuns (por exemplo, supermercado, *fast food*, arte, livros) e marcas (por exemplo, Starbucks, Tesco – um supermercado do Reino Unido – ou Pizza Hut).

Dê uma olhada nas duas listas de categorias de gastos na Tabela 3-2. Elas representam os extremos superior e inferior de um dos cinco grandes traços de personalidade. A esta altura, você já fez um número suficiente dos meus testes para passar nesse com louvor. À esquerda, você tem uma pessoa que economiza dinheiro para o futuro e se preocupa com a aparência. À direita, você tem uma pessoa que gasta a maior parte do dinheiro em telefones, comida para viagem e lanches. É a conscienciosidade. Você precisa de disciplina para economizar em vez de comprar lanches.

TABELA 3-2 Categorias de gastos correlacionadas com um dos cinco grandes traços de personalidade.
Continue lendo para saber qual.

Mais positivamente correlacionados	Mais negativamente correlacionados
Poupança	Almoço ou lanches
Economia nas férias	Transporte público
Honorários de comerciantes	Celular
Roupas infantis	Dinheiro
Tratamentos de beleza	Comida para viagem

Fonte: adaptada de Joe J. Gladstone, Sandra C. Matz e Alain Lemaire, "Can Psychological Traits Be Inferred from Spending? Evidence from Transaction Data", *Psychological Science* 30, no. 7, pp. 1087-1096, Copyright 2019 Joe J. Gladstone, Sandra C. Matz e Alain Lemaire. DOI: https://journals.sagepub.com/doi/10.1177/0956797619849435.

Dê uma olhada em outra (Tabela 3-3). Essa é a extroversão. Você tem a borboleta extrovertida que gasta dinheiro em táxis, roupas e noites divertidas. E você tem o eremita introvertido que gasta dinheiro em uma casa confortável e em amigos peludos.

Mas as Big Five não são as únicas percepções psicológicas que podemos gerar a partir dos gastos. Sem saber nada sobre a próxima característica que estudamos, dê uma olhada nas duas listas da Tabela 3-4.

Qual é a imagem que você forma em sua mente sobre as pessoas com esses padrões de gastos? A pessoa à esquerda doa seu dinheiro para organizações beneficentes, gasta dinheiro em equipamentos de ginástica e administra suas finanças por meio de investimentos e poupança.

A pessoa à direita gasta dinheiro em lanches, pagamentos de empréstimos sem garantia e produtos de estilo de vida. Uma abordagem notavelmente diferente para usar seu dinheiro. Você tem algum palpite?

TABELA 3-3 Categorias de gastos correlacionadas à extroversão.

Mais positivamente correlacionados	Mais negativamente correlacionados
Jantar e beber	Medicamentos
Roupas	Imposto municipal
Táxis	Seguro de eletrodomésticos
Fundos de empréstimos não garantidos	Eletrônicos domésticos
Médico (odontológico e oftalmológico)	Animais de estimação

Fonte: adaptada de Joe J. Gladstone, Sandra C. Matz e Alain Lemaire, "Can Psychological Traits Be Inferred from Spending? Evidence from Transaction Data", Psychological Science 30, no. 7, pp. 1087-1096, Copyright 2019 Joe J. Gladstone, Sandra C. Matz e Alain Lemaire. DOI: https://journals.sagepub.com/doi/10.1177/0956797619849435.

TABELA 3-4 Categorias de despesas correlacionadas a uma característica psicológica. *Continue lendo para saber qual.*

Mais positivamente correlacionados	Mais negativamente correlacionados
Investimento	Almoço ou lanches
Economias	Estilo de vida
Doação religiosa	Dinheiro
Equipamentos de ginástica	Telefone (linha fixa)
Pagamento de hipoteca	Pagamento de empréstimo sem garantia

Fonte: adaptada de Joe J. Gladstone, Sandra C. Matz e Alain Lemaire, "Can Psychological Traits Be Inferred from Spending? Evidence from Transaction Data", Psychological Science 30, no. 7, pp. 1087-1096, Copyright 2019 Joe J. Gladstone, Sandra C. Matz e Alain Lemaire. DOI: https://journals.sagepub.com/doi/10.1177/0956797619849435.

Parece um pouco com a conscienciosidade novamente, não? Não está muito longe disso! É o autocontrole – a capacidade de regular nossos impulsos, emoções e desejos.

Você pode ver como a pessoa à esquerda faz um sacrifício no presente, investindo e economizando dinheiro para um futuro melhor e, em vez de gastar todo o dinheiro consigo mesma, doa-o para caridade. Em contraste, a pessoa à direita parece ter muito mais dificuldade em resistir à tentação. Ela faz um lanche, aproveita a vida no aqui e agora e desperdiça dinheiro com taxas bancárias.

Não é preciso muito para imaginar como essas informações podem ser úteis para os bancos que tentam descobrir quais de seus clientes são dignos de confiança quando se trata de conceder empréstimos ou outros serviços (mais sobre as aplicações da segmentação psicológica na Parte 2).

SMARTPHONES: SEU COMPANHEIRO DE VIDA 24 HORAS POR DIA, 7 DIAS POR SEMANA

Na noite de 4 de setembro de 2017, Jaila Gladden sentiu que estava ficando resfriada. Já era pouco antes da meia-noite, mas a estudante universitária de 21 anos decidiu ir até a loja Kroger local em Carrollton, Geórgia, para comprar chá e remédios antes de dormir. No estacionamento da loja, um homem se aproximou dela para pedir um isqueiro. Jaila respondeu que não tinha um e continuou andando.

Quando Jaila chegou de volta ao carro, sentiu uma faca pressionada contra suas costas. O homem que ela havia encontrado momentos antes – Timothy Wilson – forçou-a a sentar no banco do passageiro, pegou seu telefone e começou a dirigir em direção a Atlanta. Depois de estuprar Jaila em seu carro atrás de uma igreja abandonada, Timothy pediu que ela o levasse ao posto de gasolina mais próximo, que ele planejava roubar antes de levar Jaila para Michigan.

O instinto de sobrevivência de Jaila entrou em ação. Ela disse a Timothy que nao poderia ajudá-lo a encontrar um posto de gasolina sem o Google Maps, e ele cedeu. Ele devolveu o celular dela. Movida pelo pânico e pelo desespero, Jaila começou a compartilhar os dados de localização de seu telefone com seu namorado, Tamir Brant, dizendo-lhe que havia sido sequestrada e que temia por sua vida. Tamir informou a polícia local imediatamente.

Os policiais de plantão seguiram as pistas digitais do GPS de Jaila e acabaram encontrando o carro em um estacionamento vazio. As luzes estavam apagadas, mas o motor estava ligado. Timothy havia fugido do local; Jaila escapou para um lugar seguro e Timothy foi preso horas depois.

"Se a vitima não tivesse seu telefone...", declarou a polícia de Carrollton em uma entrevista, "ela poderia não ter tido tanta sorte".[6]

Seu smartphone pode não ter salvado você de um sequestrador (ou identificado você como alguém que invadiu o Capitólio dos EUA), mas meu palpite é que ele raramente sai do seu lado. Muitos de nós nos tornamos tão apegados a nossos smartphones que a pesquisadora de consumo Shiri Melumad os chama carinhosamente de "chupetas para adultos".[7] Tenho pelo menos um ataque de pânico por dia quando não consigo encontrar meu telefone em sessenta segundos. Isso é o que chamo de um estilo de apego ansioso! E certamente não estou sozinha. Em média, uma pessoa desbloqueia o telefone cerca de cinquenta e oito vezes por dia, totalizando três horas e quinze minutos.

Mas não é apenas o tempo que passamos em nossos telefones que os torna o campo de caça ideal para resíduos de comportamento. É também o fato de que os usamos para participar de muitas das atividades mais significativas da vida. Telefonamos ou enviamos mensagens de texto para nossos entes queridos, capturamos os momentos mais importantes com a câmera e monitoramos nosso desempenho físico usando vários aplicativos.

No entanto, o que torna os smartphones únicos – realmente únicos – como dispositivos de espionagem (e diferentes das pesquisas do Google ou dos registros de gastos) é que eles coletam dados sobre nós mesmo quando não os estamos usando ativamente. Isso ocorre porque eles estão repletos de sensores. Um exército de mestres bisbilhoteiros que nunca dormem.

A menos que você desligue o sensor GPS, por exemplo, ele rastreará sua localização. Continuamente. Seu telefone é como um estranho que anda logo atrás de você e observa tudo o que você faz. Mas o sensor de GPS é apenas um entre muitos. Qualquer smartphone moderno pronto para uso inclui um acelerômetro, Bluetooth, sensor de luz (para ajustar o brilho), microfone, sensor de proximidade e Wi-Fi. Além disso, há registros do sistema que rastreiam atividades como chamadas, mensagens de texto, uso de aplicativos ou status da bateria.

Para deixar claro, nenhum desses sensores foi adicionado ao seu smartphone com o objetivo de inferir características pessoais sobre você. Não é como nos filmes, em que os bandidos colocam chips secretamente em sua casa para ouvir suas conversas. Os sensores estão lá para tornar a experiência de uso do seu telefone o mais perfeita e sem esforço possível.

Quando você vira o telefone para a posição horizontal, por exemplo, a tela muda automaticamente para *widescreen*. Você provavelmente nunca pensou muito nessa transição mágica (a menos que esse recurso tenha deixado de funcionar de repente). Mas para que seu telefone saiba quando virar a tela, ele precisa de sensores para rastrear a posição do telefone no espaço. Retrato? Paisagem? De cabeça para baixo? O sensor que fornece essas informações é chamado de "acelerômetro". Ele capta as coordenadas X, Y e Z do seu telefone. Incrivelmente útil quando se trata de reorganizar a tela com base nas suas necessidades atuais.

Entretanto, o sensor do acelerômetro pode fazer muito mais do que simplesmente virar a tela no momento certo. Ele pode nos dizer, por exemplo, se você está praticando algum tipo de atividade física no momento e, em caso afirmativo, qual. Digamos que você esteja andando na rua. A cada passo, você pula para cima e para baixo. Ou você está andando de bicicleta, que pode sacudir você de vez em quando, mas que, de outra forma, proporciona um passeio relativamente suave a uma determinada velocidade acima do nível do solo. Os dados do sensor do acelerômetro podem dizer se você está sentado, em pé, caminhando, correndo, andando de bicicleta ou dirigindo um carro, mesmo que o sensor nunca tenha sido criado para essa finalidade.

E isso é apenas o começo. O exército de sensores em seu telefone ou *smartwatch* oferece *insights* sobre suas interações sociais, atividades diárias e padrões de mobilidade. Se eu tivesse acesso aos seus dados, poderia usar o sensor do microfone para determinar se você está conversando no momento ou poderia acessar o sensor Bluetooth para estimar quantas pessoas estão ao seu redor.

Eu também poderia examinar o sensor de GPS para ver onde você está e o que pode estar fazendo. Talvez você esteja em uma cafeteria ou em um bar. Se for esse o caso, você provavelmente está envolvido em algum tipo de interação social. Ou você está em um prédio de escritórios. Nesse caso, você pode estar trabalhando.

Esses pontos de dados são informativos isoladamente, mas são mais robustos e perspicazes quando combinados. Por exemplo, posso combinar o acelerômetro e os sensores de luz, bem como os registros de uso e o status da bateria para estimar a hora em que você foi para a cama na noite passada. Você não abriu o telefone por um tempo, o sensor de luz diz que está escuro, o acelerômetro não detecta movimento e a bateria está carregando. Provavelmente, você já deu o dia por encerrado e está cochilando.

Para psicólogos como eu, a capacidade de monitorar seus comportamentos e experiências diárias com a ajuda de um smartphone que o acompanha 24 horas por dia é um sonho que se tornou realidade.

De registros de smartphones a traços de personalidade

Como essas observações se traduzem em percepções psicológicas?

Os dois psicólogos Gabriella Harari e Clemens Stachl (juntamente com outros colegas) estudaram os cinco grandes traços de personalidade em relação a seis categorias amplas de comportamento que podem ser detectadas por meio de smartphones: (1) comunicação e comportamento social, (2) consumo de música, (3) uso de aplicativos, (4) mobilidade, (5) atividade geral do telefone e (6) atividade diurna e noturna.[8]

Reserve um minuto para criar uma imagem em sua mente de como seriam os comportamentos de uma pessoa altamente conscienciosa em relação ao smartphone. Alguém que é extremamente organizado e adora planejar. Alguém que seus amigos descreveriam como confiável. Como os traços do smartphone dessa pessoa podem ser diferentes dos de alguém que tem uma abordagem mais flexível da vida e que pode ser considerado pouco confiável e inconstante?

Há vários candidatos sensatos. Será que as pessoas conscienciosas vão para a cama mais cedo e dormem mais? Talvez elas passem mais tempo no trabalho e tenham menos probabilidade de serem encontradas em bares? Ou talvez seja mais provável que usem aplicativos sérios como a CNN em vez de dedicar cada minuto livre à mídia social e ao jogo de paciência? Tudo isso faz sentido. No entanto, o principal indicador de conscienciosidade identificado pela equipe de pesquisa é outro. A primeira vez que ouvi falar sobre isso, não pude deixar de rir, porque é muito verdadeiro. Aqui vai uma pergunta para você: com que frequência seu telefone fica sem bateria porque você se esqueceu de carregá-lo durante a noite? Isso acontece comigo o tempo todo. Literalmente *todo* o tempo.

Mas se você for um daqueles sortudos conscienciosos, essa pode ser uma experiência diferente. No estudo, as pessoas que obtiveram altas pontuações em conscienciosidade tinham muito mais probabilidade de ter um status de bateria consistentemente acima de 60% do que suas contrapartes menos conscienciosas.

É impressionante como esses sinais aparentemente irrelevantes podem revelar tanto sobre quem você é. Além do status de carga, os altos níveis de conscienciosidade também foram previstos por um maior uso de aplicativos de clima e temporizadores (sim, pessoas conscienciosas não deixam nada ao acaso), bem como pelo uso mais regular do telefone durante o dia e a noite. Esse é um exemplo perfeito do poder do resíduo comportamental. Nenhum de nós jamais pensaria em criar esses rastros deliberadamente para mostrar aos outros o quanto somos organizados. No entanto, simplesmente não podemos deixar de criar esses indícios de nossa vida psíquica interna.

Vamos inverter o jogo. Darei a você uma descrição do padrão de uso do telefone de alguém e você adivinhará o traço de personalidade que esse padrão reflete. Imagine uma pessoa que usa a câmera com frequência, tira muitas fotos, tem maior probabilidade de fazer chamadas à noite e escreve mensagens de texto longas. Você só tem quatro traços de personalidade restantes: abertura, extroversão, amabilidade e neuroticismo. Você tem algum palpite?

Extroversão, talvez? Quase. Os extrovertidos enviam mensagens de texto e telefonam com muito mais frequência do que seus colegas introvertidos.

Mas os exemplos são indicativos de alta abertura. Se você pensar na afinidade estética das pessoas com alto índice de abertura, o uso elevado da câmera faz sentido. E posso ver perfeitamente como os sonhadores de mente aberta e os filósofos por *hobby* têm maior probabilidade de transformar a noite em dia e escrever mensagens longas e poéticas.

Das coordenadas de GPS à saúde mental

O que mais podemos prever a partir da maneira como você usa seu smartphone? Sua saúde, por exemplo. Na última década, houve uma verdadeira explosão de aplicativos de tecnologia de saúde que utilizam dispositivos vestíveis, como smartphones, Fitbits ou smartwatches, para a captura de dados. Aplicativos populares como MyFitnessPal, Samsung Health, Apple Health ou Google Fit permitem que os usuários monitorem sua saúde por meio do acompanhamento da atividade física (por exemplo, corrida, caminhada, número de passos), do sono (por exemplo, níveis de oxigênio no sangue, frequência cardíaca, tempo de sono e frequência respiratória durante o sono) e muito mais.

Não é de surpreender que essas percepções possam ser indicadores úteis de saúde física. Se você não se movimenta muito, provavelmente não está em boa forma física. E se você não está em boa forma física, isso aumenta o risco de uma série de problemas crônicos de saúde, como obesidade ou doenças cardiovasculares. É bem simples.

O que é menos óbvio, no entanto, é que também podemos obter *insights* sobre sua saúde mental. Por exemplo, sua saúde física está diretamente relacionada à sua saúde mental. Em média, quanto mais saudável você é fisicamente, mais saudável você é psicologicamente. É o velho clichê do corpo e da mente que descrevi no capítulo anterior e que, por acaso, é verdadeiro.

Mas a detecção da saúde mental por meio de smartphones e outros dispositivos vestíveis é muito mais do que isso. A pesquisa realizada por Sandrine Müller e por mim (juntamente com as de muitos outros que apresentaram resultados semelhantes), por exemplo, sugere que podemos prever se uma pessoa sofre de depressão apenas observando seus registros de GPS.[9] Como? Se eu lhe mostrasse os dados brutos, você provavelmente não ficaria muito impressionado. Basicamente, trata-se de uma lista de coordenadas de longitude e latitude associadas a um determinado ID de usuário e registro de data e hora. Uma entrada no conjunto de dados pode ter a seguinte aparência:

ID = 85386
Longitude = 20.198209184832525
Latitude = -87.4560316546014
Hora = 2021-04-05T23:36:31+ 00:00

Nada muito revelador.

Mas essas simples coordenadas de longitude e latitude oferecem uma série de métricas que podem nos ajudar a entender a saúde mental de uma pessoa. Por exemplo, poderíamos começar identificando onde você mora e quanto tempo passa em casa. A partir daí, podemos estimar a frequência com que você sai de casa, se essa frequência muda, a distância que você percorre e se sua vida tem uma certa rotina.

Espero que você nunca tenha sofrido de depressão ou tenha passado pela experiência de ver outra pessoa sofrendo com isso. Se sim, você provavelmente já consegue ver alguns paralelos. Se não, deixe-me listar os principais sintomas da depressão de acordo com a classificação da CID-10 (Classificação Internacional de Doenças, 10ª revisão): fadiga ou pouca energia, perda de interesses ou prazer, tristeza persistente ou mau humor.

Embora não seja possível obter uma visão completa de todos esses sintomas usando registros de GPS, podemos obter uma aproximação decente de alguns deles. Fadiga e pouca energia? Provavelmente você está menos ativo e passa mais tempo em casa. Você perdeu os interesses e o prazer? Você pode visitar menos lugares e fazer alterações em sua rota semanal. Isso é exatamente o que encontramos em nosso estudo e o que outros pesquisadores encontraram em seus estudos. As pessoas que sofrem de depressão passam mais tempo em casa, percorrem distâncias mais curtas e visitam menos lugares. Em resumo, elas se movimentam menos e perdem contato com o ambiente.

Qual é a precisão dessas previsões? Elas poderiam substituir as ferramentas de diagnóstico, como os exames de entrevista? A resposta curta é não. Pelo menos não de forma isolada e sem mais pesquisas.

A precisão dos modelos preditivos em amostras pequenas e relativamente homogêneas de alunos é notavelmente alta. Podemos distinguir com precisão entre os alunos que sofrem de depressão e os que não sofrem em 80% dos casos (com uma linha de base de 50%, o que corresponde a uma jogada de moeda).

No entanto, essa precisão cai significativamente quando se trata de prever a depressão em amostras maiores e mais heterogêneas que representam a população em geral. Nesse caso, vemos apenas uma taxa de acerto de cerca de 60%. Ainda assim, é melhor do que o acaso, mas não chega nem perto da precisão de 80% em nossa amostra de estudantes. E certamente não está nem perto do nível de precisão que esperaríamos de uma ferramenta de diagnóstico.

Imagine seu médico prescrevendo antidepressivos porque ele tem 60% de certeza de que você sofre de depressão. É ridículo. No entanto, como voltarei a abordar na Parte 2 do livro, as previsões algorítmicas podem não exigir níveis de precisão de diagnóstico para serem úteis. Às vezes, solicitar mais informações ao médico pode ser o suficiente para fazer a diferença.

FINGIR ATÉ QUE VOCÊ CONSIGA?

Como mostrou nossa jornada pelo mundo dos pesquisadores do Google, registros de gastos e sensores de smartphones, seus resíduos comportamentais podem revelar tanto sobre quem você é quanto suas declarações explícitas de identidade (por exemplo, seus perfis de mídia social). E, no entanto, eles são diferentes. Se eu quisesse ser vista como alguém que não sou – digamos que eu adorasse que as pessoas me vissem como uma típica alemã organizada – eu poderia selecionar minhas reivindicações de identidade de acordo com isso. Talvez eu siga veículos de notícias sérios no X/Twitter e publique fotos do meu apartamento impecável no Instagram.

Essa farsa é muito mais difícil de manter com resíduos comportamentais. Não faço propaganda do meu lado desorganizado e caótico. Mas meus vizinhos de aldeia provavelmente perceberam isso ao me ver correndo atrás do ônibus todas as manhãs (e às vezes perdendo-o). E meus colegas deparam-se diariamente com o caos de minha mesa no escritório.

O mesmo acontece com minha vida digital. Maratono na Netflix no fim de semana. Levanto-me em horários aleatórios durante a semana. A bateria do meu celular acaba com muita frequência. E compro de dois a três itens na lanchonete da esquina duas vezes por dia. Colocar-se no lugar de outra pessoa pode funcionar por um momento, mas é difícil de sustentar a longo prazo.

...

Uma das perguntas que sempre me fazem em minhas palestras é se nossas identidades são realmente fixas. Por que você precisa ser um extrovertido ou um introvertido? Não somos muito mais complexos e dinâmicos do que essa representação estática da personalidade pode sugerir? Essas perguntas apontam para a preocupação mais ampla de que as previsões de personalidade a partir de pegadas digitais – assim como suas contrapartes baseadas em pesquisas – colocam as pessoas em caixas que são muito estreitas para capturar toda a complexidade de sua existência.

Embora a maioria de nós sinta que tem uma identidade central, nem sempre somos os mesmos. Meus vizinhos de vilarejo entendiam isso. Embora pudessem ter percebido que eu era geralmente desorganizada, eles também sabiam que essa tendência nem sempre era expressa em sua capacidade total.

Os pais estão por perto? Menos bagunça. Sozinha com meus amigos? Mais bagunçado.

O que nos leva a perguntar: Como o big data pode nos ajudar a entender essas nuances de nossa personalidade?

CAPÍTULO 4

Você não é você mesmo quando está com fome

No final dos anos 1970, Billy Milligan foi preso por ter cometido brutalmente o crime de sequestro, roubo e agressão sexual contra três moças em Ohio. As provas contra o jovem de 22 anos eram inegáveis. Não apenas as três mulheres identificaram Billy como o autor do crime, mas também a própria defesa testemunhou que ele havia cometido os supostos crimes.

Mas, em vez de cumprir uma pena de prisão perpétua, Billy foi absolvido apenas alguns meses após o início do julgamento. Por motivo de insanidade. De acordo com seu defensor público e médicos, Billy havia sofrido graves abusos físicos e sexuais na infância, o que fez com que sua identidade se fragmentasse em dez – e mais tarde 24 – personalidades distintas. Havia Christopher, o baterista de 13 anos que tinha pavor de lama. Tommy, o evasivo saxofonista de 16 anos. E David, o artista de oito anos que não tinha preocupações.

A defesa argumentou que o "verdadeiro" Billy – um jovem talentoso e inteligente – não estava presente durante os crimes dos quais era acusado. Em vez disso, o comunista iugoslavo, Ragen, foi o responsável pelos roubos, e a lésbica de 19 anos, Adalana, cometeu os estupros.

Billy foi internado em uma instituição de saúde mental, onde foi tratado por uma década antes de ser liberado, em 1988. Sua história notável foi capturada mais tarde na série de documentários da Netflix *Monsters Inside*.

A forma grave de transtorno dissociativo de identidade de que Billy Milligan sofria afeta apenas cerca de 1,5% da população mundial. Entretanto, de alguma forma, todos nós somos Billy. Apenas muito menos extremos e criminosos.

O que quero dizer é que nossas personalidades também não são imutáveis. Cada um de nós tem muitas versões diferentes. Em geral, eu me considero agradável: gentil, calorosa e cooperativa. Mas é bom que você não me acorde antes de eu ter tido minhas oito horas completas de sono de beleza. Assim como os *gremlins* se transformam em pequenos monstros quando são expostos à luz do Sol, eu me transformo em um grande monstro que é tudo, menos gentil, caloroso e cooperativo.

É claro que não quero viver com 24 personalidades que cometem crimes violentos quando não estou olhando. Mas também gosto do fato de que não preciso viver uma existência unidimensional e entediante. A maioria de nós não é nem um Billie imprevisível nem um robô estático. Estamos em algum ponto intermediário.

Todos temos algum tipo de identidade central, algo que torna nosso comportamento previsível ao longo do tempo e do espaço. Mas quem somos e como agimos também depende do que está acontecendo dentro de nós e ao nosso redor.

Veja meu marido, por exemplo. Como a maioria dos israelenses que conheço, ele é sociável e extrovertido. Na maioria das vezes, ele é bastante falante, cheio de energia e confiante. Mas, às vezes, nem mesmo ele tem vontade de socializar ou chamar a atenção para si mesmo. Às vezes, tudo o que ele quer fazer é ficar em casa e jogar Xbox.

Se você analisar o comportamento do meu marido em várias situações, obterá o que o psicólogo William Fleeson chama de distribuição de estados momentâneos de extroversão.[1] Fiz um gráfico desses estados na Figura 4-1. Na maioria das vezes, meu marido se classifica como bastante extrovertido. E embora ele nunca se sinta extremamente introvertido, ainda há uma quantidade substancial de variação. Ele não é sempre o mesmo (felizmente, gosto de todas as versões dele).

Sou mais introvertida, como você pode ver na Figura 4-2. Valorizo meu tempo sozinha em casa e não preciso de estímulos constantes. Minha versão de um fim de semana perfeito é ler um livro no parque, fazer uma longa caminhada ou assistir à Netflix na cama. E, embora eu adore música e dança, fico exausta depois de uma noitada com um grande grupo de amigos. Essa tendência geral desloca minha distribuição de estados de extroversão para a esquerda.

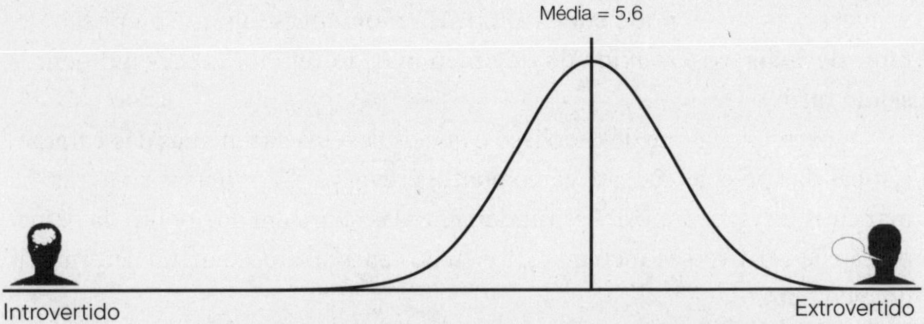

FIGURA 4-1 A distribuição dos estados de extroversão do meu marido.

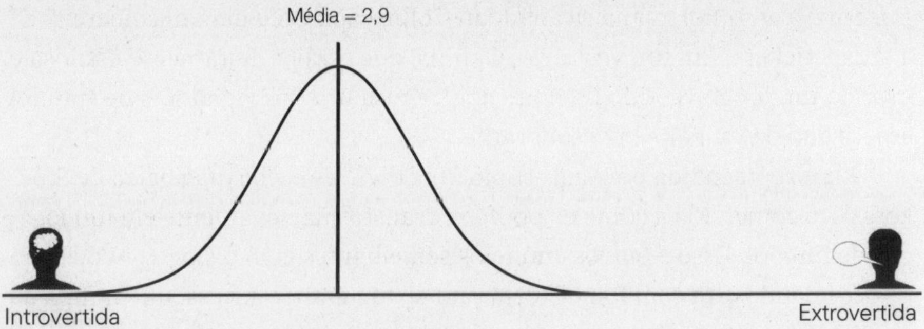

FIGURA 4-2 Minha distribuição de estados de extroversão.

Mas isso não quer dizer que nunca haja momentos em que eu me torne mais extrovertida, me solte e me lance para a direita mais extrovertida (entrar na sala de aula normalmente me força a fazer isso, por exemplo).

Você pode aprender muito sobre mim e meu marido observando essas distribuições. Em média, meu marido é muito mais extrovertido (média= 5,6) do que eu (média= 2,9). Esse é o tipo de traços de personalidade disposicional que discuti nos capítulos 2 e 3.

Mas se nossa pontuação média de extroversão fosse a única coisa que você soubesse sobre nós, você cometeria erros ao estimar o quanto nos sentimos extrovertidos em um determinado momento. Às vezes, você pode exagerar, às vezes pode subestimar. Há momentos em que eu posso, de fato, ser mais extrovertida do que meu marido (embora esses momentos sejam raros).

A parte intrigante de tudo isso é que os desvios das médias das características das pessoas são, até certo ponto, previsíveis. Em outras palavras, há maneiras de fazer suposições fundamentadas sobre em que ponto da distribuição de extroversão meu marido e eu nos encontramos em um determinado momento.

VOCÊ NÃO É VOCÊ QUANDO ESTÁ COM FOME

Em 2012, a atriz norte-americana Joan Collins apareceu em um comercial de TV da Snickers. Em um vestiário, Collins, que está perfeitamente estilosa e usando um longo vestido de noite azul, acusa um dos jogadores de futebol americano de roubar seu desodorante.

Ela é repreendida por "agir como uma diva" e recebe uma barra de Snickers para comer. Ela a come e *poof* se transforma novamente em um jogador de futebol. Esse e outros anúncios semelhantes com o slogan "Você não é você quando está com fome" tornaram-se um grande sucesso no mundo da publicidade. A equação era simples: faminto = irritado.

Os anunciantes estavam no caminho certo. Foi demonstrado que o humor altera a personalidade das pessoas: pessoas felizes tendem a se sentir mais agradáveis, extrovertidas, abertas e emocionalmente estáveis.[2] Não importa se você é geralmente mais introvertido ou extrovertido; estar de bom humor dá a todos nós um pequeno impulso de extroversão.

O oposto é verdadeiro para o estresse. Já contei a você como me transformo em um gremlin maligno quando estou cansada. O mesmo se aplica quando estou estressada. Fico mais conflituosa, mais propensa a levantar a voz e menos propensa a considerar o sentimento dos outros. E não estou sozinha nisso. Como sugerem alguns dos meus trabalhos mais recentes com Samantha Grayson, sentir-se estressado deixa você mais ansioso, mas menos extrovertido e agradável. Contingências situacionais como essas podem dar aos computadores uma vantagem extra ao prever sua psicologia. Além de considerar a tendência geral de você ser extrovertido, eles podem levar em conta seu humor ou nível de estresse ao fazer previsões.

Não é uma tarefa trivial, mas é possível. Pense em todos os dispositivos de rastreamento que capturam instantâneos dinâmicos de sua experiência sem que você precise levantar um dedo sequer. Há o smartwatch que pode medir sua frequência cardíaca e a condutância da pele como um indicador de estresse. Ou a webcam de seu laptop, que pode estar atenta à dilatação da pupila e às expressões faciais como um sinal de humor geral e emoções específicas, como raiva, surpresa ou felicidade. Ou seu telefone, que me diz que você não dormiu bem na noite passada e pode estar mais irritado do que o normal.

Essas previsões não são perfeitas, de forma alguma. Mas são boas o suficiente para que você tenha uma noção de seu estado emocional atual. Equipados com esses dados, podemos fazer uma suposição fundamentada para saber se você está operando dentro de sua faixa típica em um determinado traço de personalidade ou se está se aventurando em uma versão ligeiramente alterada de seu eu habitual.

COMO OS LUGARES QUE VISITAMOS MOLDAM QUEM SOMOS

Imagine que você está sentado em uma cafeteria com amigos. A cafeteria está lotada e você tem dificuldade em ouvir seu amigo falar sobre como a Taylor Swift é um gênio dos negócios.

Enquanto conversam, vocês dois não conseguem deixar de observar todos os novos clientes que chegam: o cara com um terno italiano impecável, um hipster com um mullet e um bigode irônico, a mulher que parece uma atriz de um filme B do qual você não se lembra o nome. Ocasionalmente, você inicia uma conversa com um estranho que quer reivindicar a cadeira vazia na sua mesa ou com a garçonete que fica vindo a cada cinco minutos.

Agora imagine um cenário diferente. Você está sentado sozinho em uma biblioteca, em um ambiente tão silencioso que o barulho de um saco de batatas fritas parece fogos de artifício. As pessoas nas mesas próximas a você estão imersas em suas leituras ou digitando em seus laptops. Tudo o que você tem é Kant e seus pensamentos. Até que ponto você se sentiria extrovertido e consciencioso em cada uma dessas situações? Meu palpite é que você se sentiria mais extrovertido, mas menos consciencioso, na cafeteria, e menos extrovertido e mais consciencioso na biblioteca. Pelo menos é o que sugere minha pesquisa com Gabriella Harari sobre o impacto dos lugares nos estados psicológicos das pessoas.[3]

Talvez não seja um grande choque. Faz sentido que o ambiente social e estimulante da cafeteria traga à tona mais do nosso lado animado e extrovertido, mas talvez nos faça sentir um pouco menos organizados, já que poderíamos ter passado o mesmo tempo trabalhando ou fazendo algo produtivo.

E, no entanto, saber em que espaço físico você está acaba de me dar outra pista de quem você é. Uma pista que pode ser facilmente detectada a partir dos rastros digitais que você deixa.

Por exemplo, eu poderia começar pedindo ao sensor de GPS do seu telefone que me informasse sua localização atual. Mapear essas coordenadas de longitude e latitude no Google Maps ou em aplicativos populares como o Foursquare revelaria rapidamente que você está em uma cafeteria chamada Dear Mama, que fica no meio de um bairro animado em Manhattan.

De acordo com o Google, a cafeteria fica lotada por volta das 15h. E as avaliações no Yelp e no Tripadvisor sugerem que normalmente há música alta (e às vezes ao vivo) tocando o dia todo. Cruzando essas informações com meu trabalho anterior sobre lugares e estados de personalidade, é seguro presumir que você se encontra atualmente acima da sua pontuação média de extroversão.

Como mostra o exemplo, suas pegadas digitais oferecem percepções granulares sobre o ambiente físico em que você se encontra. No entanto, o fato de você se concentrar nesses sinais idiossincráticos dificulta a inferência de regras mais gerais sobre como determinados contextos afetam sua personalidade.

É o mesmo desafio que descrevi no contexto das avaliações de personalidade. Eu poderia fazer um trabalho muito melhor ao descrever todas as nuances da personalidade do meu marido para você se não me limitasse aos cinco grandes traços. Mas isso também limitaria consideravelmente minha capacidade de comparar meu marido com outras pessoas e extrapolar minhas percepções para além dessa pessoa.

O mesmo se aplica às situações. Podemos descrevê-las individualmente com o máximo de detalhes que quisermos, mas isso dificulta a comparação entre elas e a extrapolação para outras situações.

Felizmente, existe uma estrutura de personalidade para situações como as Big Five para humanos que ajuda com isso.

A PSICOLOGIA DAS SITUAÇÕES

O psicólogo norte-americano Ryne Sherman se propôs a investigar o significado psicológico das situações, pedindo a um grupo de estudantes da Universidade da Flórida que usassem câmeras corporais durante 24 horas.[4] A cada 30 segundos, a câmera tirava uma foto do ambiente em que estavam.

Na semana seguinte, os alunos voltaram ao laboratório para ver todas as fotos. Pediu-se que dividissem as fotos em situações distintas. Um dos alunos, por exemplo, considerou todas as fotos de sua reunião no café com um amigo como uma situação, e todas as fotos tiradas durante uma sessão de estudo na biblioteca como outra.

Em seguida, os alunos classificaram essas situações com base em várias características diferentes: Quão social é essa situação? Quão positiva? Quão intelectualmente estimulante? Pense nisso como o equivalente a caracterizar uma pessoa usando atributos de personalidade, como social, confiável ou confiante (em vez de usar o modelo Big Five, as situações são normalmente avaliadas usando a estrutura DIAMONDS, que caracteriza as situações ao longo das oito dimensões a seguir: dever (Duty), intelecto (Intellect), adversidade (Adversity), relacionamento (Mating), positividade(pOsitivity), negatividade (Negativity), engano (Deception) e socialidade (Sociality).[5]

É verdade que essa suposição pode parecer estranha. Podemos caracterizar as situações da mesma forma que podemos caracterizar as pessoas? Elas são diferentes em muitos aspectos. Para começar, as pessoas são entidades reais no tempo e no espaço. Nascemos em um determinado momento e existimos continuamente até morrermos. As situações são diferentes. Elas não têm um começo e um fim claros. Elas são efêmeras. E elas não existem sem que pelo menos uma pessoa as perceba e reconheça. Tudo isso é verdade. E, no entanto, quando se trata de nossa percepção das situações, muitas vezes as tratamos da mesma forma que tratamos as outras pessoas.

Assim como nossos julgamentos sociais sobre os outros, formamos rapidamente uma primeira impressão das situações em que entramos. Uma sala de reuniões no escritório? Um contexto profissional. A sala de estar de uma república? Um contexto feito para socialização e relacionamentos. A capacidade de julgar rapidamente uma nova situação tem raízes e benefícios evolutivos. Nossos ancestrais não podiam se dar ao luxo de fazer um balanço de todas as pistas situacionais em seu ambiente. Eles precisavam julgar rapidamente se uma situação era perigosa ou cheia de oportunidades.

Mas como podemos medir as características psicológicas de uma situação? Uma coisa é extrair pistas situacionais – quem, o que e onde – de pegadas digitais, como registros de GPS. Mas como podemos transformar essas pistas situacionais em perfis situacionais psicologicamente significativos?

A abordagem é análoga à de transformar suas curtidas no Facebook ou registros de GPS em informações sobre quem você é. Treinamos um modelo para traduzir a entrada bruta (dicas situacionais detectadas a partir de dados do sensor) em pontuações de personalidade para situações.[6]

Mas espere, não há uma grande lacuna aqui? As situações não podem se classificar em um questionário. Você não pode simplesmente perguntar a elas o quanto concordam com a afirmação "Estou cheio de vibrações positivas". Bem, você não precisa fazer isso. Da mesma forma que Ryne Sherman pediu aos participantes de seu experimento que lhe contassem sobre a experiência deles nas situações que as câmeras corporais haviam gravado, você pode perguntar às pessoas sobre suas percepções de qualquer situação que queira traçar. Essa não é apenas uma opção alternativa viável, mas a métrica que importa.

As situações não existem até que sejam percebidas por pelo menos uma pessoa. E elas só influenciam a forma como pensamos, sentimos e nos comportamos se reconhecermos seu significado psicológico no momento. Por exemplo, talvez eu me encontre em uma parte da cidade que deveria me fazer sentir mais alerta e assustada do que o normal. Todas as pistas situacionais podem apontar nessa direção (por exemplo, casas em ruínas, becos escuros). Mas se eu estiver completamente alheia a esses sinais e não os reconhecer como um sinal de perigo em potencial – por exemplo, porque estou bêbada e não presto muita atenção ao meu redor –, então a situação em si não vai moldar como me sinto ou me comporto naquele momento. Talvez eu esteja passeando alegremente por essa parte perigosa da cidade, cantando para mim mesma e pulando pelas ruas.

Portanto, mesmo que as situações pudessem falar e autoavaliar suas características, o que importa no contexto da formação do comportamento humano é como essas situações são percebidas.

É difícil para um computador (ou um ser humano) dizer de fora como uma determinada pessoa vivencia uma determinada situação em um determinado momento. Mas é muito mais fácil para um computador prever como a maioria das pessoas percebe essa situação na maior parte do tempo.

Veja o conjunto de dados que Sherman coletou. Por um lado, ele tinha acesso aos registros visuais das situações em que seus participantes se encontravam. Por outro lado, ele coletou as classificações subjetivas de personalidade dessas situações. Da mesma forma que você pode prever as Big Five de uma pessoa a partir de suas fotos de perfil do Facebook, agora você pode prever a psicologia de uma situação a partir dos instantâneos da câmera corporal.

Em vez de pedir que as pessoas capturem e classifiquem suas próprias situações, como fez Sherman, você também pode coletar várias imagens do Google Street View e pedir que um grupo maior de pessoas compartilhe suas percepções sobre esses lugares. Como alguns de meus próprios trabalhos mostraram, as pessoas tendem a ter níveis surpreendentemente altos de concordância sobre se um local do Google Street View é social, positivo ou intelectual.

E as imagens não são a única fonte de pistas situacionais, é claro. Pense em todos os traços de áudio capturados pelo seu smartphone. O que o som de uma máquina de café expresso em uma cafeteria movimentada pode dizer sobre o quão positiva e social é uma situação? Ou um trem do metrô no meio da hora do rush? Ou um pássaro cantando em um parque, tendo como fundo o barulho da cidade ao seu redor?

Independentemente das medidas contextuais específicas que você usa, a linha de fundo para a segmentação psicológica é clara: quanto melhor entendermos não apenas suas tendências disposicionais estáticas, mas também os fatores contextuais dinâmicos que influenciam essas tendências, mais poderemos aprender sobre quem você é no aqui e agora.

São as intuições que meus colegas aldeões construíram tão naturalmente ao longo do tempo. Com os pais? Mais conscienciosos e reservados. Com os amigos? Mais descuidados e extrovertidos. Suas experiências e interações comigo moldaram sua compreensão do tipo de pessoa que eu era. Mas eles também entendiam que eu era tão influenciada por forças situacionais quanto eles.

. . .

Passei os últimos três capítulos explorando como todas as pegadas digitais que deixamos durante nossas interações diárias com a tecnologia – deliberadamente ou não – podem revelar muito sobre quem somos. Uma descoberta que ainda me fascina após quase uma década de pesquisa sobre o assunto.

No entanto, embora os computadores decifrem nossa psicologia com uma precisão notável, ainda há muita adivinhação envolvida. As previsões não são perfeitas e, em muitos casos, um representante de vendas inteligente pode muito bem superar o algoritmo depois de apenas alguns minutos de conversa.

No entanto, estamos apenas no início de nossa jornada. As percepções psicológicas que podemos obter dos dados pessoais das pessoas estão prontas para se tornarem cada vez mais precisas na próxima década. Isso não se deve apenas ao fato de que os métodos que temos disponíveis para analisar dados pessoais estão se tornando cada vez mais sofisticados, mas também porque as novas tecnologias introduzirão dados cada vez mais granulares.

Hoje temos o Google em nossos navegadores, smartphones em nossos bolsos e câmeras nas ruas. Amanhã, poderemos ter lentes inteligentes em nossas retinas, microrrobôs em nossa corrente sanguínea e chips em nosso cérebro. No momento em que você mesmo se tornar a câmera, o rastreador de saúde ou o mecanismo de busca, grande parte da especulação e das suposições informadas envolvidas em nossas previsões atuais de seus pensamentos, sentimentos e comportamentos desaparecerá.

O que pode parecer um pesadelo distópico ou um episódio de *Black Mirror* está mais próximo do que você imagina. Há muito tempo, o Google e a Samsung estão trabalhando em óculos e lentes inteligentes. Entre 2019 e 2022, o Patent Analytics da Global Data registrou mais de 60 patentes para microbots relacionados à saúde. E a Neuralink, empresa de Elon Musk, está trabalhando intensamente para criar uma interface de chip cerebral que possa ser implantada dentro do nosso cofre mais secreto.

Ao mesmo tempo, os rápidos avanços na IA prometem tornar as previsões de nossa vida psíquica interna mais acessíveis do que nunca (para o bem ou para o mal!). A maioria dos *insights* que descrevi nos três últimos capítulos depende de algoritmos de aprendizado de máquina que foram treinados para uma finalidade específica. Com os dados certos, podemos ensinar um computador a transformar curtidas no Facebook em previsões de traços de personalidade. Ou traduzir registros de GPS em diagnósticos de saúde mental.

Com o surgimento de modelos de aprendizado de máquina mais versáteis, incluindo a IA generativa, como o ChatGPT, você não precisa mais de grandes conjuntos de dados de treinamento ou de modelos dedicados que só podem ser aplicados a uma tarefa específica. Como mostra parte do meu trabalho com Heinrich Peters, o ChatGPT pode prever sua personalidade quando tem acesso às suas publicações em mídias sociais e é solicitado a classificar seu perfil Big Five ou quando tem a tarefa de manter uma conversa livre com você.[7] Notavelmente, ele faz isso com aproximadamente a mesma precisão dos modelos dedicados que discuti no Capítulo 2, mas sem nunca ter sido explicitamente treinado para isso.

Se você combinar os *insights* dos últimos três capítulos com minhas previsões sobre o que o futuro pode reservar, torna-se impossível negligenciar o elefante na sala: o que tudo isso significa para você?

As pessoas da aldeia não coletavam informações apenas para saber. Elas as coletavam com o objetivo de trocar segredos e influenciar a vida umas das outras. O mesmo se aplica à segmentação psicológica. A maioria dos governos ou empresas não está interessada apenas em conhecê-lo (por mais cativante que você possa ser). Eles estão interessados em aproveitar o conhecimento sobre você para influenciar seus pensamentos, sentimentos e comportamentos.

Isso nos leva a uma pergunta: Como a capacidade de examinar as necessidades psicológicas e as motivações de milhões de pessoas poderia capacitar outros a moldar não apenas o comportamento individual, mas o curso da sociedade em geral?

E, por fim, devemos olhar para esse futuro com medo de uma nova forma de tirania ou com a expectativa de uma vida melhor?

PARTE DOIS

OS LADOS POSITIVO E NEGATIVO DA SEGMENTAÇÃO PSICOLÓGICA

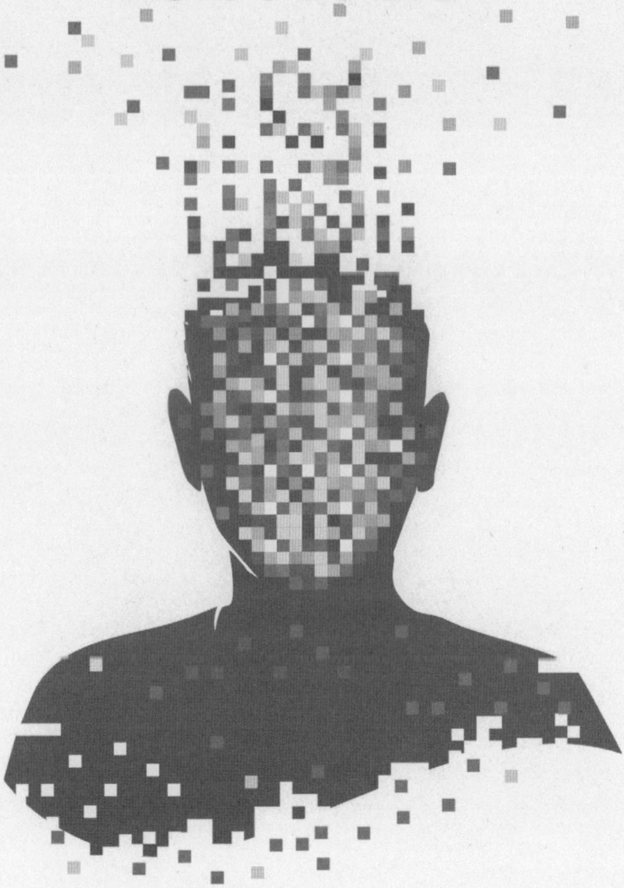

CAPÍTULO 5

Insights psicológicos em ação

Em 3 de dezembro de 2016, o mundo foi apresentado à segmentação psicológica, e eu acordei em um novo mundo. "Você viu este artigo? Você está envolvida nessa loucura?", uma amiga enviou em uma mensagem de texto. Ela não foi a única. Da noite para o dia, recebi centenas de mensagens de amigos, familiares e... jornalistas.

Mas que diabos!? O que eu poderia ter feito para provocar um surto tão inesperado de atenção? Na época, eu estava em Austin, Texas, em um intercâmbio de pesquisa, tentando concluir meu doutorado. Meus dias (e a maioria das noites) eram passados em cafeterias, analisando números e escrevendo. Um estilo de vida que não era exatamente propício para um grande escândalo ou uma notícia.

Com o coração acelerado, acessei o link da mensagem do meu amigo. No momento em que vi o rosto familiar de Michal Kosinski ao lado da manchete provocativa do artigo ("Eu só mostrei que a bomba existe"), finalmente percebi: Cambridge Analytica.[1]

De acordo com os autores do artigo, a empresa britânica de relações públicas havia acessado os dados do Facebook de milhões de eleitores americanos inocentes para prever suas características psicológicas e lhes direcionar campanhas publicitárias personalizadas. O mais preocupante é que a Cambridge Analytica tinha como alvo eleitores indecisos entre as populações mais vulneráveis para espalhar desinformação e evitar que eles votassem a favor de Hillary Clinton.[2]

Eu não estava envolvida com a empresa, como minha amigo temia. Mas, na época, eu era a única cientista que havia estudado esse tipo de segmentação psicológica. E passei horas ao telefone explicando minhas descobertas a Hannes Grassegger, um dos dois jornalistas que divulgaram a história pela primeira vez. Grassegger queria evidências científicas que apoiassem as alegações da Cambridge Analytica de que a segmentação psicológica havia garantido a vitória de Trump na eleição presidencial de 2016 nos EUA. Deixei que ele usasse algumas de minhas descobertas inéditas, o que fez com que meu nome aparecesse com bastante destaque no artigo.

Não era a primeira vez que a mídia escrevia sobre a Cambridge Analytica e a segmentação psicológica. Um ano antes, o *Guardian* havia publicado um artigo semelhante sobre seu envolvimento na campanha de Ted Cruz.[3] Eu esperava – tinha esperança nisso – um clamor público. Mas naquela época ninguém se importava. Em vez de dar o alarme, a maioria dos meios de comunicação elogiou Cruz por seu uso inovador de dados (assim como fizeram com Obama em 2008 e 2012) e o público aceitou. Em 2016, essa narrativa mudou. As pessoas viram o quanto estava em jogo.

Nos dias e semanas seguintes, conversei com inúmeros repórteres e publiquei vários artigos de opinião. Comentei sobre a história em si, mas também defendi um debate mais matizado e proveitoso sobre o assunto.

Por um lado, fiquei frustrada com as narrativas simplistas e apocalípticas que vi na mídia (e, mais tarde, em livros como *Mindf*ck*, de Chris Wylie). Elas retratavam a segmentação psicológica como uma máquina de guerra hipereficaz e de lavagem cerebral. Vamos deixar claro: não é. Mesmo com a compreensão mais precisa do perfil psicológico de uma pessoa, você não transformará um ativista pró-escolha em um defensor da vida nem converterá um fanático por iOS em um amante do Android simplesmente mostrando a ele alguns anúncios no Facebook.

Sim, ao explorar suas necessidades psicológicas, posso influenciar o modo como você pensa, sente e se comporta. Mas, assim como você tem dificuldade para convencer seu tio republicano a adicionar pronomes à assinatura de e-mail dele, a segmentação psicológica não mudará facilmente as identidades fundamentais das pessoas. Claro, esses milagres podem acontecer. Mas, normalmente, não acontecem.

Por outro lado, eu estava igualmente irritada com as contranarrativas negacionistas que retratavam a segmentação psicológica como nada além de uma farsa. Meus colegas aldeões não precisavam mudar minha identidade principal para influenciar meu comportamento. Assim como você não precisa de uma máquina mágica de lavagem cerebral para vencer as eleições. A maioria delas é vencida por pequenas margens.

Você se lembra dos 537 votos que fizeram a eleição presidencial de 2000 passar para George W. Bush? Por que você perderia tempo lançando um feitiço sobre os eleitores obstinados para vencer? Tudo o que você precisa é convencer as pessoas que ainda estão indecisas (entre 10% e 25% na maioria das eleições presidenciais dos EUA) a votar no seu candidato ou não votar. E eu sabia que a segmentação psicológica tinha o potencial de fazer isso.

Nunca me importei muito com a Cambridge Analytica (embora esteja feliz que outras pessoas tenham investigado o caso mais a fundo). O que me interessava era ter uma discussão pública mais ampla sobre a segmentação psicológica e seu possível impacto em nossas vidas. Uma discussão que não fosse em preto e branco ou baseada nas alegações de uma empresa de relações públicas que se vangloriava e depois se desesperou.

Eu queria uma discussão informada pela ciência e uma conversa ponderada sobre como a segmentação psicológica poderia ser usada e abusada para alterar nossas escolhas individuais e coletivas. Porque, assim como qualquer outra tecnologia, a segmentação psicológica é uma ferramenta. Uma ferramenta cuja eficácia precisa ser estabelecida por evidências reais (não apenas alegações) e cujo impacto depende do objetivo pretendido (não de sua mera existência).

É disso que trata a Parte 2 deste livro. Um convite para você mergulhar na ciência da segmentação psicológica e explorar seu impacto potencial de diferentes ângulos.

COLOCANDO A SEGMENTAÇÃO PSICOLÓGICA À PROVA

Quando entrei para o Cambridge Psychometrics Center como estudante de doutorado em 2013, meus colegas tinham acabado de publicar seu primeiro artigo sobre como as características pessoais íntimas das pessoas poderiam ser previstas a partir de suas curtidas no Facebook.[4] A mídia adorou. E eu também.

O que mais me entusiasmou nos modelos preditivos de personalidade de meus colegas foi seu potencial palpável para serviços e experiências personalizados. Eu estava particularmente interessada no setor de saúde. Parecia óbvio que uma melhor compreensão das necessidades e motivações das pessoas poderia melhorar os resultados de saúde.

Para contextualizar: até 50% de todas as mortes prematuras nos Estados Unidos poderiam ser evitadas com mudanças no estilo de vida. Veja o caso das doenças cardíacas. Os fatores de risco mais importantes incluem pressão alta, tabagismo, obesidade, má nutrição e inatividade física, todos eles bem dentro de nosso controle. Da mesma forma, quase dois terços dos norte-americanos sofrem de uma doença crônica que exige que eles tomem medicamentos prescritos. No entanto, apenas cerca de 50% deles tomam seus medicamentos conforme recomendado, o que resulta em 125.000 mortes evitáveis e US$ 300 bilhões em custos excessivos todos os anos.

Tendo acabado de iniciar meu doutorado, eu estava cheia de otimismo. Será que poderíamos usar *insights* psicológicos para ajudar as pessoas a tomar seus medicamentos? Poderíamos incentivá-las a fazer seus check-ups anuais? Ou motivá-las a ter uma alimentação mais saudável? Eu tinha um milhão de ideias sobre como entender as preferências e motivações das pessoas poderia nos ajudar a transformá-las em versões melhores de si mesmas.

Elaborei uma proposta de uma página e entrei em contato com possíveis parceiros. Eu estava confiante de que estaríamos trabalhando em questão de semanas. Minhas ideias eram novas e promissoras. Melhor ainda, eu oferecia meus serviços gratuitamente. Não demorou muito para que meus sonhos fossem destruídos.

O setor de saúde era um caso perdido: extremamente avesso a riscos e insanamente burocrático. E, ao contrário do que eu esperava, as pessoas envolvidas não estavam ansiosas para que uma millennial sem experiência ou evidência lhes dissesse como consertar o sistema de saúde.

Eu nunca teria terminado meu doutorado em três anos se tivesse ficado com a área de saúde. Felizmente, quando uma porta se fechou (ou melhor, permaneceu fechada, sendo barricada por dentro), outra porta se abriu. Uma que me levou a um mundo que estava muito mais entusiasmado comigo e com minhas ideias. O mundo do marketing.

TAMANHO ÚNICO NÃO SERVE EM NINGUÉM

Desde o início dos anos 2000, tem havido um impulso crescente em direção à publicidade direcionada e à análise do consumidor. Você já deve ter se deparado com a história da gigante do varejo Target. Em 2012, a Target ganhou as manchetes depois de enviar um voucher para comprar roupas de bebê para uma adolescente antes que seus pais soubessem que ela estava grávida.

Os profissionais de marketing entenderam que os consumidores não eram todos iguais. E perceberam que a internet poderia oferecer novas oportunidades para personalizar a experiência do consumidor que não existiam em meios de massa anteriores, como a TV ou o rádio. Como um profissional de marketing da velha guarda, você poderia ter colocado seus anúncios de equipamentos de cozinha nos intervalos comerciais de programas de TV feitos para donas de casa. Mas isso era praticamente tudo. A internet ofereceu um mundo totalmente novo de personalização. Como um profissional de marketing digital experiente, agora você poderia anunciar para mulheres entre 35 e 45 anos, recém-casadas, com filhos e que gostam de assistir ao *Bake Off Brasil: Mão na Massa*.

A capacidade de direcionar as pessoas com base em características sociodemográficas ou interesses específicos foi revolucionária quando comparada às abordagens de tamanho único do marketing na TV ou no rádio. Mas para mim, que sou psicóloga da personalidade, isso ainda era muito primário. Para começar, já avançamos o suficiente para que não sejam apenas mulheres que desejam comprar equipamentos de cozinha. A maior parte da segmentação sociodemográfica é uma supergeneralização grosseira.

Mas não é só isso. Mesmo entre o ilustre grupo de homens e mulheres interessados em cozinhar, você encontrará muitas variações. Variação nos estilos de vida. Variação de interesses. E variações nas motivações.

Alguns cozinheiros amadores podem estar procurando equipamentos que economizem tempo em suas agendas lotadas (por exemplo, uma Thermomix). Outros talvez queiram satisfazer seu desejo de experimentar com a ajuda da mais recente tecnologia culinária (por exemplo, um KitchenAid, sous vide ou Instant Pot). E outros ainda podem simplesmente gostar de presentear seus amigos e familiares com uma refeição deliciosa preparada com alguns dos clássicos antigos (por exemplo, uma panela Le Creuset ou um rolo de madeira de oliva). Para entender essas diferenças, você precisa ir além dos dados sociodemográficos e dos comportamentos anteriores das pessoas. Você precisa se aprofundar na psicologia delas.

Quanto mais eu aprendia sobre o mundo do marketing, mais me convencia de que ele era o campo de testes ideal para minhas ideias. Os profissionais de marketing estavam dispostos a correr riscos e fazer experiências. E eles comemoravam cada melhoria, por menor que fosse. Será que eu conseguiria aumentar o número de compras em 2%? Você acha ótimo? 5%? Melhor ainda. 10%? Por favor, leve nosso primogênito.

Eu não tinha plena consciência disso quando comecei, mas até mesmo um pequeno aumento na eficácia da publicidade pode se transformar em lucros consideráveis para as empresas. E, em muitos casos, os orçamentos de marketing são enormes. Somente em 2021, mais de US$ 512 bilhões foram gastos em propaganda digital. O ambiente de marketing parecia perfeito para mim.

Não demorou muito para encontrar um parceiro comprometido no setor. A empresa de relações públicas Grayling foi contratada pela Hilton Hotels para explorar o potencial da segmentação psicológica. Será que poderíamos ajudar o Hilton a criar uma experiência de cliente mais rica e personalizada? Desafio aceito. Uma vez por semana, eu pegava o trem para Londres para trabalhar nos escritórios da Grayling – uma pausa bem-vinda dos meus dias monótonos em Cambridge.

Durante várias semanas, planejamos o lançamento de um aplicativo interativo que poderia gerar recomendações de férias com base na personalidade. Introvertido? O solista, com recomendações de destinos tranquilos e relaxantes. Neurótico? As férias com tudo incluído e sem preocupações, sem deixar nada ao acaso. Tudo o que o cliente precisava fazer era conectar-se à sua conta do Facebook. Nossos algoritmos preditivos cuidavam do resto.[5]

A campanha foi um grande sucesso. Mais de 60 mil pessoas usaram o aplicativo em apenas três meses. Elas adoraram a experiência. Clicaram, compartilharam e compraram (o que, para a Hilton, significou maior visibilidade da marca e lucros). Juntamente com a Grayling e meus colegas do Psychometrics Center, ganhei o prêmio de bronze no Travel Marketing Awards e fui nomeada uma das pessoas mais influentes em marketing orientado por dados pela DataIQ. A colaboração foi um passo inestimável para mim. Ela me deu a confiança de que a segmentação psicológica era eficaz e me proporcionou um estudo de caso bem-sucedido para abordar outras empresas.

E não demorou muito para que minha segunda oportunidade se concretizasse.

A BELEZA ESTÁ NOS OLHOS DE QUEM VÊ

Um varejista de produtos de beleza online procurou-me com uma meta simples: aumentar seus pedidos online.

Minha ideia inicial era replicar o que havíamos feito para o Hilton, mas logo ficou claro que essa não era uma opção. Havia dois desafios. Primeiro, nossa abordagem para o Hilton baseou-se na disponibilidade de diferentes tipos de férias que poderiam ser combinadas com traços de personalidade. Categorizar os produtos de beleza de acordo com a personalidade não era tão simples. Quem compra loção corporal e maquiagem? Mulheres extrovertidas? De mente aberta? Agradáveis? Todas nós compramos.

Encontrei inspiração nos escritos de Sidney Levy, um ícone do marketing e do comportamento do consumidor do século XX. Em um artigo da *Harvard Business Review* publicado em 1959, Levy argumentou que os gastos não eram apenas funcionais, mas também simbólicos.[6] Em outras palavras, as pessoas compram produtos não apenas pelo que eles podem fazer, mas também pelo que significam. Veja um exemplo simples: para você, o que significa comprar flores? Se você é agradável, talvez compre flores para fazer outras pessoas felizes. Se você tem a mente aberta, talvez aprecie a beleza estética das flores. Ou, se for neurótico, as flores podem ajudar a criar uma atmosfera relaxante em casa. Não importa o traço de personalidade, você pode encontrar uma maneira de dar significado às flores.

As implicações do que Levy havia sugerido pareciam promissoras. Se o mesmo produto pode significar coisas diferentes para pessoas diferentes, então tudo o que tínhamos de fazer era identificar o que os produtos de beleza significavam para públicos diferentes. Você quer atingir os extrovertidos? Eles querem ser vistos. Querem ser o centro das atenções. O que você acha de um anúncio com uma mulher no centro da pista de dança, cercada de amigos (ou desconhecidos)? Ela está usando maquiagem brilhante e uma roupa cintilante. Todos os olhares estão voltados para ela.

Você quer atingir os introvertidos? Eles não precisam de atenção. Pelo contrário, eles querem aproveitar ao máximo seu tempo "para mim". O que você acha de um anúncio que destaca o lado mais introspectivo da beleza? Uma mulher aproveitando os produtos do varejista de beleza no conforto de sua casa. Um ambiente descontraído, sem distrações externas.

Foi exatamente isso que sugerimos ao varejista de produtos de beleza e, por fim, testamos em uma série de campanhas no Facebook. Criamos anúncios extrovertidos e introvertidos para serem direcionados a mulheres extrovertidas e introvertidas.

Nosso segundo desafio foi que o varejista de produtos de beleza não tinha nem o orçamento nem o desejo de criar um aplicativo inteiro para sua campanha. Para que a segmentação psicológica se tornasse uma alternativa séria a outras abordagens de segmentação, precisávamos de uma maneira fácil de implementá-la.

Se você deseja atingir mulheres de 30 a 35 anos, que moram em um determinado país ou cidade e que demonstraram interesse em produtos de beleza, tudo o que precisa fazer é informar ao Facebook ou ao Google. Eles encontrarão essas pessoas para você. Você não pode fazer isso com características psicológicas. Nenhuma das grandes plataformas de publicidade permite que você direcione traços de personalidade diretamente. O Facebook registrou uma patente para prever a personalidade de seus usuários a partir de textos em 2012.

Mas isso não significa que você não possa atingir as pessoas com base na personalidade. Você pode, indiretamente. O Facebook e o Google permitem que você defina públicos com base em interesses, os mesmos interesses que sabemos estar associados à introversão e à extroversão (consulte o Capítulo 2). Se você gosta de videogames, mangás ou Terry Pratchett, é provável que seja introvertido. Se você gosta de *Entourage*, Shwayze ou *beer pong*, provavelmente é extrovertido.

É claro que isso não é verdade para todos. Talvez você goste de videogames, mas se considere extrovertido. Isso é possível. Essas relações são probabilísticas, não determinísticas (pense em Masao Gunji, o policial de 67 anos que adora Hello Kitty). Elas me dizem quem você provavelmente é, não quem você é. Você pode ser o unicórnio extrovertido que é louco por mangás. Mas, na ausência de qualquer outra informação, meu melhor palpite é que você seja introvertido. Se o Facebook me permite segmentar pessoas que gostam de mangá, e eu sei que gostar de mangá está associado à introversão, então posso segmentar efetivamente os introvertidos.

Tínhamos tudo o que precisávamos para dar início às campanhas. Materiais publicitários para introvertidos e extrovertidos? Sim. Uma maneira (por mais grosseira que seja) de atingir introvertidos e extrovertidos no Facebook? Sim.

Fiquei muito nervosa durante toda a semana em que os anúncios foram veiculados. Todos havíamos investido muito tempo e energia. Agora não havia mais nada a fazer a não ser esperar, deixar os consumidores clicarem e comprarem e ver o que acontecia do outro lado.

E... funcionou! As mulheres que foram alvo de mensagens que combinavam com sua personalidade tinham maior probabilidade de comprar. E a diferença nas compras foi surpreendentemente grande: um aumento de 50% nos grupos correspondentes em comparação com os não correspondentes. Para cada cem mulheres que convencemos a comprar nas condições incompatíveis, tivemos mais cinquenta nas condições compatíveis.[7]

É claro que eu estava cautelosamente otimista, mas até eu fiquei surpresa com a magnitude do efeito. Eu estava ciente das limitações do estudo. Nossa abordagem de segmentação era grosseira e nossa personalização era mínima. Não tínhamos traçado o perfil dos indivíduos com nossos algoritmos preditivos, mas, em vez disso, contávamos com públicos definidos por uma única curtida no Facebook. Tenho certeza de que acabamos com mais do que alguns extrovertidos incompreendidos em nosso público-alvo introvertido e vice-versa.

Também não tínhamos personalizado a jornada do cliente além do anúncio inicial que as mulheres viam. Depois que uma cliente em potencial clicava no anúncio, o site do varejista de produtos de beleza era o mesmo para todas as clientes. Se pudemos obter um aumento de 50% com uma abordagem tão rudimentar, com certeza poderíamos ter um objetivo ainda maior com intervenções mais sofisticadas e holísticas.

A equipe de criação do varejista de produtos de beleza fez um trabalho fantástico ao criar anúncios que combinavam com os traços de personalidade de nosso público-alvo, mas imagine a tarefa hercúlea que teria sido personalizar cada palavra e imagem em cada página. Isso poderia significar milhares ou até milhões de elementos criativos exclusivos. Nenhuma empresa em sã consciência atribuiria tal tarefa a uma força de trabalho humana.

Mas, em breve, ela poderá implantar uma força de trabalho digital. Os computadores podem prever sua personalidade com base nas imagens que você curte ou publica (ver Capítulo 2). Você pode treinar modelos semelhantes para prever a *afinidade de personalidade* de uma imagem – a personalidade das pessoas a quem a imagem provavelmente atrairia. Meus colegas e eu fizemos exatamente isso. Criamos um algoritmo que podia "olhar" para uma imagem e nos dizer, por exemplo, se ela seria adequada para alguém extrovertido ou de mente aberta. Nunca testamos nosso algoritmo no mercado, mas mostramos em vários experimentos de laboratório que a seleção de imagens para corresponder às personalidades dos consumidores afetava tanto suas atitudes em relação à marca quanto suas intenções de compra.[8]

Contudo, os computadores não são bons apenas em entender e selecionar conteúdo. Eles também podem criar conteúdo. Os modelos GPT da OpenAI podem produzir textos que não se distinguem dos de um escritor humano habilidoso. O GPT escreveu artigos para o *Guardian*, publicou um trabalho acadêmico sobre si mesmo e ganhou vários concursos de poesia.

E, como alguns de meus trabalhos mais recentes demonstraram, o GPT pode produzir conteúdo de marketing convincente na voz de diferentes personalidades. Para um de nossos estudos, pedi ao GPT3 que criasse anúncios curtos para o iPhone 14. Suas sugestões foram certeiras.

Para o alvo extrovertido e entusiasmado, o GPT escreveu: "Se você é a alma da festa, está sempre disposto a se divertir e gosta de estar rodeado de pessoas, então este é o telefone para você! Com seu design brilhante e colorido e recursos de mídia social integrados, o iPhone 14 Pro é perfeito para pessoas extrovertidas e entusiasmadas como você. Então, vamos lá, vamos nos divertir!"[9]

Para o público artístico e de mente aberta, o GPT sugeriu: "Se você está procurando um telefone que o ajudará a se abrir para novas experiências e a ser mais artístico, não procure mais, é o iPhone 14 Pro. Com suas poderosas câmeras e ferramentas de edição, você poderá capturar e criar belas imagens e vídeos como nunca antes. Portanto, se você é um fotógrafo iniciante ou apenas alguém que aprecia arte, o iPhone 14 Pro é a escolha perfeita para você".

O que eu acho mais impressionante nessas mensagens é que elas não são apenas referências diretas às preferências e aos traços de caráter das pessoas. Isso é fácil. O que é intrigante é a seleção inteligente do GPT de diferentes recursos do iPhone que provavelmente atrairão diferentes públicos. Um extrovertido pode não se interessar por ferramentas de edição, mas um consumidor artístico e de mente aberta provavelmente se interessará. Foi exatamente isso que descobrimos em vários estudos diferentes.

As mensagens personalizadas geradas pelo GPT não apenas deixaram os participantes de nosso estudo mais entusiasmados com os produtos que anunciamos, mas também aumentaram o valor em dólares que eles estavam dispostos a gastar com eles.[10]

ALÉM DOS PRODUTOS DE CONSUMO E DOS TRAÇOS DE PERSONALIDADE ....

A possibilidade de vender alguns produtos a mais combinando o conteúdo de marketing com os traços de personalidade das pessoas pode não deixar você empolgado. Mas, para mim, as descobertas revelam algo muito mais fundamental. Elas mostram que explorar suas motivações psicológicas me dá poder. Poder para influenciar as decisões que você toma.

Intencionalmente, dei início à nossa exploração do direcionamento psicológico em bases (relativamente) neutras. Eu queria que você conhecesse os conceitos básicos antes de voltar a contextos mais controversos. Mas não comecei este capítulo falando sobre produtos de beleza. Comecei este capítulo falando sobre a Cambridge Analytica. Fazer com que você compre mais alguns produtos de beleza é uma coisa. Mas fazer com que você vote de uma determinada maneira (ou nem vote) é totalmente diferente. Ou não?

De fato, não. A venda de ideias e candidatos políticos é muito parecida com a venda de produtos. Você precisa entender seu público e atender às preferências dele. Conhecer a personalidade de seu interlocutor pode ajudar nessa empreitada. Você pode convencer seu vizinho simpático a apoiar políticas mais generosas de creches ou fazer com que seu amigo neurótico endosse normas mais rígidas de proteção de dados. Mas o verdadeiro jogo da política não é jogado na arena da personalidade. Ele é jogado na arena dos valores morais – a bússola ética que orienta nossos julgamentos sobre o que é certo e errado.

De acordo com o psicólogo Jonathan Haidt, há cinco valores morais que são inatos e universais: cuidado, justiça, lealdade, autoridade e pureza.[11] Nós diferimos quanto à ênfase que damos a cada um desses valores. Você pode se preocupar com lealdade, autoridade e pureza, enquanto eu posso dar mais importância ao cuidado e à justiça.

Se eu entender sua bússola moral, poderei influenciar seu comportamento. Pense em minha colaboração com o Hilton. Conseguimos que os consumidores se envolvessem com a marca e seus produtos combinando tipos de férias com os perfis de personalidade dos consumidores (ou tipos de viajantes). Você pode fazer o mesmo na política. Se eu souber com quais valores morais você se importa, posso colocar as ideias e os candidatos certos diante de você. Digamos que você dê grande ênfase ao cuidado e à justiça. Eu poderia abordar você com políticas relacionadas à igualdade de remuneração ou ao salário mínimo. Se, em vez disso, você se preocupa mais com lealdade e pureza, posso incentivá-lo a apoiar leis de imigração mais rígidas.

Talvez não seja surpreendente que nossos valores morais estejam intrinsecamente ligados às nossas ideologias políticas.[12] Se você se considera conservador, é mais provável que enfatize a lealdade, a autoridade e a pureza. O oposto é verdadeiro se você se considera liberal. Nesse caso, é provável que você priorize o cuidado e a justiça. Devido a essas associações, não preciso nem mesmo conhecer seus valores morais para usá-los como alvo psicológico. Tudo o que preciso saber é sua tendência política.

Mas promover agendas políticas diferentes para pessoas com valores morais diferentes é apenas parte da história. Em nossa colaboração com o varejista de produtos de beleza, vendemos o mesmo produto para personalidades diferentes.

Na política, você pode vender a mesma ideia política para pessoas diferentes. E você pode fazer isso de forma mais eficaz se combinar seu argumento com os valores morais de sua contraparte. Essa é uma forma de segmentação psicológica que os psicólogos Matthew Feinberg e Rob Willer chamam de *reenquadramento moral*.[13]

Veja a questão da mudança climática. Você poderia argumentar que temos a responsabilidade de cuidar das pessoas que virão depois de nós. Não é justo esperar que a próxima geração lide com a bagunça que criamos. Mesmo que talvez não experimentemos os efeitos de nossas ações, temos a obrigação moral de proteger o planeta e aqueles que o habitarão nos próximos séculos. Você costuma ouvir argumentos como esses de liberais que tendem a enfatizar o cuidado e a justiça. Se você se considera um liberal, é provável que esses argumentos tenham ressonância em você.

Mas se você se considera um conservador, talvez eles não tenham tanta repercussão. Talvez você seja mais sensível aos argumentos que destacam nosso dever de preservar e melhorar a beleza imaculada do nosso planeta e garantir a pureza do ar que respiramos. Afinal de contas, o planeta é nosso único lar. Precisamos defender a Terra que proporcionou a nós e aos nossos antepassados um refúgio seguro durante séculos. Parece muito diferente, não é? Em vez de cuidado e justiça, esses argumentos se concentram em pureza e lealdade – os favoritos dos conservadores.

Como mostra o trabalho de Feinberg e Willer (e algumas de minhas próprias pesquisas usando mensagens personalizadas criadas pelo ChatGPT), o reenquadramento moral é altamente eficaz.[14] Somos mais compelidos por argumentos que correspondem à nossa própria bússola moral. Isso é verdade mesmo quando originalmente discordamos da premissa principal do argumento (por exemplo, ao tentar convencer uma pessoa conservadora sobre os benefícios da imigração ou dos direitos das pessoas LGBTQIAP+).

O reenquadramento moral pode parecer uma estratégia simples e vencedora para o discurso político. Ela sugere que tudo o que precisamos fazer é nos colocarmos no lugar de outra pessoa. Mas, como se vê, essa tarefa é desafiadora. Na verdade, a maioria de nós falha de forma espetacular. Somos humanos. Vemos o mundo por nossas próprias lentes. Em vez de moldar nosso argumento de uma forma que fale sobre a visão de mundo de nosso interlocutor, argumentamos de uma forma que enfatiza a nossa própria – um viés clássico de egocentrismo que é difícil de reconhecer e ainda mais difícil de superar.

Meus companheiros de vilarejo frequentemente entravam em debates acalorados sobre o futuro do lugar. Quais clubes deveriam receber financiamento e quanto? A brigada de incêndio local deve ou não ter um ritual de iniciação? Embora esses debates não determinassem o curso de uma nação inteira, eles eram significativos e polarizadores. À medida que cada lado defendia seu caso, os pontos de vista e os argumentos que se cruzavam tornavam-se cada vez mais extremos. O debate passou a ser menos sobre encontrar uma boa solução e mais sobre vencer a discussão.

Os algoritmos não têm a mesma tendência. Eles não se importam se defendem sua própria perspectiva ou a de seu interlocutor. Eles simplesmente argumentam da maneira mais eficaz para alcançar o resultado desejado.

DOIS LADOS DA MESMA MOEDA

O reenquadramento moral mostra que o poder do direcionamento psicológico vai muito além dos produtos de consumo. Ele tem o poder de levar as pessoas a pensar de forma diferente sobre questões sociais importantes, como proteção ambiental, desigualdade econômica ou direitos das pessoas LGBT-QIAP+.

Isso é bom ou ruim? Depende. Minha primeira reação à pesquisa de Feinberg e Willer foi: “Isso é incrível!” Uma maneira de envolver as pessoas novamente com a política e ajudá-las a entender as perspectivas umas das outras? Talvez haja esperança para a democracia, afinal.

Em um mundo ideal, todo político iria de porta em porta, sentaria com cada um de seus eleitores (tanto apoiadores quanto céticos), ouviria suas preocupações e responderia pacientemente a todas as suas perguntas com foco nos tópicos que realmente importam para eles. É claro que não há como fazer isso. Um político não pode estar em todos os lugares ao mesmo tempo. Em vez disso, eles têm funcionários e voluntários que falam com o maior número possível de pessoas em seu nome. Nos Estados Unidos, a cada ciclo eleitoral, milhares de voluntários de ambos os lados dedicam seu tempo a essa missão. Eles respondem a perguntas, ouvem e explicam.

Mas mesmo com essa força de trabalho ampliada, há um limite para o que pode ser feito. A campanha de porta em porta é altamente eficaz, mas também consome muito tempo e atinge apenas uma parcela muito pequena da população – geralmente aqueles que vivem em condados ou estados estrategicamente importantes. Mas e quanto ao restante de nós? E quanto aos milhões de norte-americanos que decidem renunciar ao seu direito de voto porque ninguém dedicou tempo para ligar para eles ou bater em suas portas?

Na eleição presidencial de 2020, essa porcentagem da população foi de impressionantes 33% de todos os eleitores qualificados, uma queda em relação aos 40% da eleição de 2016. No entanto, para que uma democracia prospere, precisamos do envolvimento de sua população. Se ao menos houvesse uma maneira mais escalável e inclusiva de reacender o entusiasmo das pessoas pela política...

O objetivo da segmentação psicológica é exatamente esse: entender as motivações das pessoas e ativá-las. Não estou dizendo que a segmentação psicológica seja a solução milagrosa para todos os problemas políticos que enfrentamos. Mas acredito que, se bem feita, pode ser uma maneira de envolver as pessoas na política novamente. Uma maneira de salvar a democracia.

Ao mesmo tempo, é fácil imaginar como avanços tecnológicos como esse poderiam se transformar em munição perigosa nas mãos de instituições mais nefastas e antidemocráticas, como a Cambridge Analytica, que poderiam tentar usar a segmentação psicológica para realizar exatamente o oposto: semear a discórdia, alimentar o ódio e incentivar o desengajamento. A Cambridge Analytica não usou a segmentação psicológica para animar sua própria base. Ela a utilizou para destruir seus oponentes. E, com isso, a base da democracia.

Grande parte do discurso público que antecedeu a eleição presidencial de 2024 nos EUA concentrou-se nos perigos da desinformação online. Como todo mundo, estou preocupada com as *fake news*. Mas, ao contrário da maioria das pessoas, estou mais preocupada com as notícias tendenciosas – notícias que podem ser factualmente precisas, mas que foram muito manipuladas para se adequar a uma determinada visão de mundo. Isso não se deve ao fato de as notícias tendenciosas serem mais poderosas para influenciar atitudes e comportamentos do que as notícias falsas; não são. É porque elas são simplesmente muito mais comuns. Tanto é assim que a pesquisa de Jennifer Allen mostrou que o impacto das notícias tendenciosas no comportamento das pessoas é cerca de 50 vezes maior do que o das notícias falsas.[15]

São preocupações como essas que permanecem no fundo da mente das pessoas quando me ouvem falar sobre segmentação psicológica. Elas podem confiar em minhas boas intenções, mas estão preocupadas que minha pesquisa forneça um plano para atores com objetivos mais desprezíveis. Será que eu deveria ter permissão para realizar pesquisas sobre alvos psicológicos se esse for o caso?

Entendo a preocupação, mas discordo da conclusão. Crescer em uma aldeia ensinou-me que entender as regras do jogo é fundamental. Quanto mais eu entendia, melhor me tornava para navegar em minha vida. Descobri quem estava passando informações pelas minhas costas e me tornei melhor em identificar as tentativas sutis de direcionar meu comportamento. Fiquei melhor em identificar o jogo sujo.

O mesmo ocorre no mundo da tecnologia. Precisamos entender a eficácia da segmentação psicológica e como ela pode afetar os indivíduos e a sociedade, não apenas por seus possíveis benefícios, mas também por (e não apesar de) seu potencial de abuso.

A única razão pela qual posso compartilhar meus pensamentos e recomendações com credibilidade com formuladores de políticas, líderes empresariais e instituições como a Comissão Europeia é porque estudei a segmentação psicológica. Não preciso adivinhar se entender a psicologia das pessoas permite que você tenha controle sobre elas. Eu sei disso. E também sei que enquanto o controle das pessoas trouxer lucros e poder, as empresas continuarão investindo em tecnologias como a segmentação psicológica – quer os cientistas realizem pesquisas sobre o assunto ou não.

Conclusão: a segmentação psicológica não vai desaparecer. Pelo contrário, à medida que as evidências que sustentam sua eficácia aumentam e a tecnologia continua a avançar, veremos suas aplicações expandirem-se para outros domínios.

Essa tendência ainda não é totalmente visível. Mas me perguntam pelo menos uma vez por semana se eu estaria interessada em participar de uma *startup* que está tentando entrar no mercado com um novo produto. Ou se eu estaria disposta a ajudar uma empresa a explorar como ela poderia se beneficiar da implementação da segmentação psicológica. Se quisermos nos manter no controle da situação e ter um papel ativo na definição de suas regras, precisamos entender tanto as oportunidades que a segmentação psicológica apresenta quanto os desafios que ela impõe.

Vamos começar com as oportunidades.

CAPÍTULO 6

Encontrando o bem

Quando atendi a ligação de uma de minhas antigas amigas de faculdade, percebi imediatamente que havia algo errado. Ela me perguntou sobre a vida em Nova York. Reclamei do lixo nas ruas, dos dias de inverno rigoroso e do atraso dos meus alunos para a aula. Ela respondeu com um ocasional "hmm", mas sua mente estava claramente em outro lugar. Quando perguntei se estava tudo bem, ela começou a chorar.

Um amigo de infância dela havia tirado a própria vida. Ninguém esperava por isso. Ela gostaria de ter sabido que ele estava com dificuldades. Talvez ela pudesse tê-lo salvado.

Eu me senti péssima. Minha meta original era usar a segmentação psicológica para ajudar as pessoas. Coloquei esse plano em espera porque parecia muito difícil de implementar. Com o passar do tempo e o fato de eu ter ficado assustada com o lado sombrio da segmentação psicológica (falaremos sobre isso no Capítulo 7), abandonei-a completamente. Fiquei tão obcecada com os custos óbvios de usar a segmentação psicológica que perdi de vista os possíveis custos de não usá-la.

Mas a conversa com minha amiga serviu como um alerta. Ela me fez lembrar que a segmentação psicológica também tem o potencial de fazer o bem. Assim como as ações de meus vizinhos podem ser extremamente úteis e tranquilizadoras, a segmentação psicológica pode nos ajudar a nos tornarmos versões melhores de nós mesmos.

Muito de meu pensamento desde então tem sido guiado por "e se...? ? E se pudéssemos usar a segmentação psicológica, por exemplo, para ajudar as pessoas a...

- ... melhorar sua saúde física e mental?
- ... engajar-se politicamente?
- ... aprender com mais eficiência?
- ... encontrar empregos que amam?
- ... economizar em vez de gastar mais?
- ... tornarem-se mais ambientalmente responsáveis?
- ... expandir sua experiência do mundo?

Essa lista não é de forma alguma abrangente. Tenho certeza de que, depois de ler os exemplos deste capítulo, você poderá facilmente criar seu próprio conjunto de perguntas.

Talvez você esteja interessado em educação e em como a segmentação psicológica poderia ajudar crianças e jovens adultos a aprender de forma mais eficaz e divertida. Ou talvez você queira reformular a maneira como encontramos nossa vocação profissional, usando a segmentação psicológica para ajudar as pessoas a encontrar empregos que amam.

Escolhi três dos tópicos para me concentrar: o potencial da segmentação psicológica para nos ajudar a atingir metas com as quais muitos de nós lutam (por exemplo, economizar mais), democratizar o acesso a cuidados personalizados de saúde mental e expandir nossa experiência do mundo.

Não escolhi essas três aplicações por serem as mais importantes ou por se encaixarem perfeitamente em uma narrativa simples e coerente. Em vez disso, eu as escolhi para destacar como a segmentação psicológica poderia ser usada para o bem maior em uma ampla gama de aplicações potenciais. Algumas das ideias que compartilharei não passam de sonhos grandiosos, fantasias minhas que espero que se materializem no futuro. Outras são exemplos muito mais concretos de como a segmentação psicológica está beneficiando as pessoas atualmente.

Vamos começar com o último.

A LUTA PELA POUPANÇA

Passei grande parte do início de minha carreira tentando fazer com que as pessoas gastassem mais. Poderíamos fazer com que as pessoas encontrassem as férias perfeitas explorando sua personalidade de viajante? Sim. Poderíamos persuadir as mulheres a comprar maquiagem adaptando nossas mensagens de marketing ao seu nível de extroversão? Sim, mais uma vez.

Não estou dizendo que isso seja necessariamente um mau uso da segmentação psicológica. Minha própria pesquisa mostrou que as pessoas ficam mais felizes se conseguirem alinhar seus gastos com suas necessidades psicológicas e, com acesso a produtos e serviços de todo o mundo, precisamos de uma maneira de separar o joio do trigo.[1]

Mas será que ajudar as pessoas a gastar seu dinheiro é realmente o que nossa sociedade mais precisa? E se, em vez disso, pudéssemos usar a segmentação psicológica para fazer exatamente o oposto? Ajudar as pessoas a economizar.

Quando comecei a me interessar pelo estudo da saúde financeira, fiquei chocada com os números que encontrei. Em 2020, 53% dos americanos relataram que viviam de salário em salário, 62% não tinham economias suficientes para cobrir três meses de despesas e mais de 10% não conseguiam nem mesmo cobrir uma única semana sem receber salário.[2]

Chamar esse estado de coisas de problemático seria um eufemismo. É desastroso. Os 30 milhões de norte-americanos que praticamente não têm economias estão constantemente à beira da ruína. Talvez eles consigam se manter nesta semana, mas e se na próxima semana o carro quebrar? Eles não têm dinheiro para levá-lo à oficina e consertá-lo. Isso significa que eles não podem dirigir para o trabalho e terão que passar horas no transporte público, que é notoriamente não confiável (se é que está disponível). Consequentemente, eles podem perder o emprego que cobria o aluguel, o seguro e as despesas semanais. Um incidente aparentemente pequeno e você está acabado. Fim de jogo.

O cenário pode não ser tão ruim para os 200 milhões de pessoas que têm menos de três meses de poupança, mas também não é animador. Além de a maioria de nós estar lamentavelmente mal preparada para a aposentadoria (que, graças aos avanços da medicina, durará cada vez mais tempo), há cada vez mais evidências científicas mostrando como as dificuldades financeiras nos atrasam no presente. Ela afeta negativamente nossa saúde física e mental. Além disso, ela rouba a largura de banda cognitiva de que precisamos para tomar boas decisões e ser criativos. Você simplesmente não pode viver todo o seu potencial se estiver preocupado com suas finanças.[3]

A maioria de nós sabe que deveria economizar mais, e muitos de nós estamos ansiosos para fazer isso. De acordo com a Forbes, 30% das pessoas começaram 2023 com a resolução de Ano Novo de se tornarem melhores na administração de suas finanças.[4] No entanto, a maioria desses 30% não conseguirá traduzir suas nobres intenções em dinheiro economizado em suas contas bancárias. Como muitas das outras resoluções de Ano Novo com as quais lutamos, como nosso desejo de comer de forma saudável e fazer mais exercícios, economizar não é fácil.

Mesmo para os mais instruídos financeiramente entre nós, economizar é uma batalha constante – uma batalha com nosso cérebro, que prefere saborear o momento atual em vez de se preocupar com o futuro. Economizar é difícil porque significa abrir mão de uma recompensa real e tangível hoje (ou seja, nossa capacidade de comprar coisas com o dinheiro que ganhamos) em troca de um benefício potencial no futuro que geralmente é muito menos tangível (ou seja, uma chance de lidar com emergências inesperadas) – uma concessão que nosso cérebro notoriamente não está disposto a fazer.

Trocar seu novo PlayStation ou brincos de pérola por algumas centenas de dólares a mais em sua conta bancária parecerá uma decisão óbvia quando você passar por uma emergência e o inferno começa. Mas todos sabemos como é antes de chegarmos a esse ponto. Queremos ser super-heróis responsáveis, mas acabamos voltando ao nosso eu normal e autoindulgente.

Eu estava convencido de que a segmentação psicológica poderia ajudar. Um ponto de partida óbvio para minha investigação foi a identificação de perfis de risco. Eu estava curiosa para saber se certos tipos de pessoas tinham mais dificuldade em administrar suas finanças do que outros. O suspeito mais provável entre todos os traços de personalidade em que eu podia pensar era a conscienciosidade.

Lembrei-me de minha irmã altamente confiável e segura, que sempre pagava as contas em dia e magicamente conseguia acumular economias mesmo sendo uma estudante pobre. E então pensei em mim, o membro da família um pouco mais descuidado e desorganizado, que gastava dinheiro rapidamente e normalmente tinha muito mês sobrando no final do salário.

Não é um palpite terrível. Acontece que a conscienciosidade está de fato relacionada a alguns aspectos da poupança. Mas não de maneira tão forte e consistente como eu esperava. Entretanto, havia outro traço de personalidade que previa de forma confiável a saúde financeira. Você tem alguma sugestão? Ainda temos a abertura, a extroversão, a amabilidade e o neuroticismo na disputa.

Para ser justa, se você tivesse me perguntado há alguns anos, eu não teria adivinhado a resposta certa. No início, fiquei intrigada quando um estudo após o outro mostrou que as pessoas amáveis tendiam a ter uma situação financeira pior.[5] As pessoas amáveis tinham menos economias em suas contas bancárias, acumulavam mais dívidas e tinham maior probabilidade de não pagar empréstimos. Da mesma forma, os condados dos EUA com níveis médios mais altos de amabilidade apresentaram níveis mais altos de falência.

Em vez do desleixado e desorganizado que eu havia imaginado em minha mente, era o cara simpático e atencioso que estava tendo mais dificuldades. O tipo de pessoa que gostamos de receber em nossas comunidades e redes sociais porque coloca os outros à frente de si mesma.

Eu já tinha ouvido o ditado "os bonzinhos terminam por último", mas ele não fazia necessariamente muito sentido para mim no contexto da tomada de decisões financeiras. Então, comecei a me aprofundar. O que estava determinando a relação entre amabilidade e saúde financeira ruim em meus dados? Será que as pessoas amáveis não negociavam tão agressivamente quanto suas contrapartes não amáveis? A resposta é não (para ser mais preciso: as pessoas amáveis são, de fato, menos agressivas, mas isso não explica por que elas têm um desempenho financeiro pior).

Em vez disso, a relação foi motivada por algo muito mais óbvio: as pessoas amáveis simplesmente não se preocupavam tanto com dinheiro quanto suas contrapartes desagradáveis. Em nossa pesquisa, perguntamos às pessoas o quanto elas concordavam com afirmações como "Há muito poucas coisas que o dinheiro não pode comprar" ou "Você nunca pode ter dinheiro suficiente". As pessoas amáveis indicaram consistentemente que o dinheiro simplesmente não era tão importante para elas.

Quando vi essa explicação pela primeira vez, fiquei decepcionada e, francamente, um pouco desanimada. Eu realmente queria ajudar os caras legais a se saírem melhor financeiramente. Ensiná-los a negociar com mais eficiência (não necessariamente com mais agressividade) teria sido uma ótima intervenção. Mas como eu poderia ajudá-los se eles simplesmente não se importavam tanto? Não me parecia certo tentar fazer com que o dinheiro fosse uma prioridade maior para eles. Pelo contrário, eu achava que era um tanto cativante o fato de eles não se importarem tanto. Claramente, eles eram boas pessoas que preferiam relacionamentos sociais positivos com os outros ao dinheiro. Admirável.

Mas quanto mais eu pensava sobre isso, mais eu percebia como meu pensamento era falho. O fato de alguém se preocupar com dinheiro não significa que não se importe com outras pessoas. Da mesma forma, preocupar-se com outras pessoas não significa que você não deva se preocupar com dinheiro. É uma falsa dicotomia.

Pense da seguinte maneira: se você não administrar seu dinheiro adequadamente, estará colocando seus entes queridos em risco também. E seu amor pelos outros não desaparece simplesmente porque você também se preocupa com o dinheiro e com o que ele pode fazer por você e pelos outros.

Fiquei intrigada. Se fosse verdade que as pessoas amáveis simplesmente não se importam tanto com dinheiro, então argumentar que elas deveriam economizar para acumular dinheiro não iria convencê-las. Mas e se pudéssemos reformular o propósito de poupar para destacar o impacto potencial sobre seus entes queridos? Enfatize como a poupança permite que eles protejam as pessoas que mais amam e com quem mais se importam.

Um dos desafios que tornam a poupança uma tarefa tão difícil é o fato de não sentirmos os benefícios no dia a dia. Ao contrário de um PlayStation novo ou de brincos de pérola, não podemos experimentar fisicamente nossas economias nem compartilhá-las com outras pessoas. Elas são apenas um número em uma conta bancária, escondidas da vista e muito menos atraentes do que aquilo em que poderíamos ter gasto essas economias.

Corrida para os 100 da SaverLife

Até que finalmente inventemos a viagem no tempo (por favor!), não podemos teletransportar as pessoas para o futuro para que vejam e experimentem como suas economias farão diferença um dia. Em vez disso, o que podemos fazer é criar essa imagem em suas mentes. E fazer o melhor que pudermos para torná-la o mais real e atraente possível.

Foi exatamente isso que fizemos. Em setembro de 2020, meus colegas Robert Farrokhnia, Joe Gladstone e eu nos unimos à SaverLife, uma organização sem fins lucrativos sediada nos EUA que apoia indivíduos e famílias a economizar, melhorar sua saúde e educação financeira e construir riqueza.[6] Uma verdadeira empresa de super-heróis em meio a um vasto mar de produtos fintech predatórios.

Nosso momento não poderia ter sido melhor. Com a Covid-19 entrando em seu terceiro trimestre do ano, muitos usuários do SaverLife estavam lutando para sobreviver. Nossa missão era clara: incentivar a poupança entre aqueles que mais precisavam. Aqueles que não tinham ou tinham níveis muito baixos de poupança (menos de US$ 100). Aqueles que não podiam se dar ao luxo de ter seu carro quebrado ou receber uma conta médica inesperada sem grandes repercussões.

Nossa meta: fazer com que eles economizassem US$ 100 como parte da Corrida para os 100 da SaverLife, um desafio de quatro semanas que oferece a todos que atingirem a meta de US$ 100 a chance de ganhar US$ 2.000 em dinheiro.

Com a permissão da SaverLife e de seus usuários, coletamos dados de personalidade de voluntários e trabalhamos incansavelmente para criar mensagens que atraíssem diferentes traços de personalidade. Reserve um momento para pensar em como você poderia comercializar a poupança de uma forma que leve uma pessoa criativa e de mente aberta a sonhar com o futuro? Como isso pode ser diferente da mensagem que você criaria para um cliente mais conservador e tradicional? Não é tão difícil, não é mesmo? Aqui estão dois exemplos da campanha real.

Baixa abertura

Economizar dinheiro é uma técnica testada e comprovada para preservar o estilo de vida que você deseja. Mas isso não significa que seja sempre fácil.

Há muitas tentações para você gastar. Você precisa de orientação real para economizar.

A SaverLife já ajudou mais de 380.000 pessoas como você a criar um programa de poupança seguro em seu próprio banco e a contribuir para ele regularmente. Este mês, você terá um incentivo extra para garantir seu futuro: a Corrida para os $100.

Economize US$ 100 até 30 de setembro e você terá a chance de ganhar US$ 100 adicionais de nós! É uma maneira sem riscos de você começar a garantir seu futuro hoje com uma sólida reserva de poupança.

Alta abertura

Como seria se você pudesse ser o criador do seu próprio futuro? E se você tivesse os meios para escolher entre aventuras ilimitadas e realizar seus sonhos grandes e ousados?

Só há uma maneira de você descobrir. Este mês, você pode começar um novo e empolgante futuro com a Corrida para os $100.

Economize US$ 100 até 30 de setembro e você terá a chance de ganhar mais US$ 100 de nós! A SaverLife está aqui para ajudá-lo a criar hábitos de poupança de uma forma diferente da que você já experimentou antes. Esse pode ser o primeiro passo para você ter uma vida nova e maravilhosa.[7]

Fizemos o mesmo com os outros traços de personalidade (tanto no extremo alto quanto no extremo baixo).[8] Personalidade solidária? Economize hoje para construir um futuro melhor para seus entes queridos! Personalidade competitiva? Cada centavo economizado coloca você um passo à frente no jogo! Você é extrovertido? Transforme seus desejos de contato humano em economias que ajudarão você a aproveitar ao máximo suas aventuras pós-Covid com os amigos. Você é introvertido? Com tantas noites aconchegantes, vamos começar a sonhar com a casa que você sempre quis.

O momento em que descobri que a campanha havia sido bem-sucedida foi um dos mais felizes de toda a minha carreira. Entre os que receberam as mensagens personalizadas, 11% conseguiram economizar US$ 100. O aumento foi de 4% entre as pessoas que não receberam nenhuma mensagem e de 7% entre as pessoas que foram alvo da campanha genérica de melhor desempenho da SaverLife. Isso representa um aumento de 275% em comparação com o controle sem mensagens e um aumento de 60% em comparação com o padrão ouro da SaverLife.

É claro que os números estão longe de serem perfeitos. Em um mundo ideal, eles estariam muito mais próximos de 100%. Mas sejamos realistas: conseguir que pessoas com menos de US$ 100 em economias pelo menos dobrem suas economias requer um pequeno milagre (basta pensar no que você precisaria para dobrar suas economias).

Como eu disse antes, a segmentação psicológica não é uma panaceia mágica. Mas isso não significa que você não possa fazer uma diferença real com ela. Pense da seguinte maneira: entre cada cem pessoas alcançadas por nossa campanha, conseguimos que outras cinco construíssem um colchão de emergência essencial. Agora imagine o impacto na sociedade em geral se esse tipo de intervenção fosse ampliado para milhões de pessoas!

Antes de saltar dessa aplicação muito real e tangível da segmentação psicológica para um sonho meu, deixe-me discutir um domínio que fica em algum lugar no meio. O que me motivou a procurar o lado bom da segmentação psicológica novamente em primeiro lugar: saúde mental.

SEU COMPANHEIRO PESSOAL DE SAÚDE MENTAL

Em 2017, o *The Australian* publicou um artigo acusando o Facebook de vender informações sobre o estado de saúde mental de milhões de adolescentes de apenas 14 anos para anunciantes na Austrália e na Nova Zelândia. De acordo com um documento interno de vendas que vazou para repórteres, o Facebook ofereceu aos profissionais de marketing a oportunidade de atingir adolescentes em momentos em que eles "precisam de um impulso de confiança".[9]

O documento – redigido por dois executivos de alto escalão do Facebook – descrevia como os algoritmos preditivos da empresa poderiam prever dinamicamente os estados emocionais de jovens usuários a partir de suas publicações e fotos. Os rótulos destacados no documento de vendas pintam um quadro perturbador; eles incluem estados emocionais como "sem valor", "inseguro", "ansioso", "estressado" ou "derrotado". O incidente foi uma tentativa direta de usar a segmentação psicológica para explorar os membros mais vulneráveis da sociedade para obter lucro.

Mas *e se*, em vez disso, pudéssemos usar a segmentação psicológica para prevenir problemas graves de saúde mental ou, quando eles ocorrerem, ajudar as pessoas a se recuperarem da forma mais rápida e fácil possível? E se pudéssemos projetar um companheiro de saúde que soubesse que algo está errado muito antes de nós e que pudesse oferecer um atendimento personalizado que não apenas falasse de nossa composição genética exclusiva, mas também de nossas necessidades psicológicas? Em outras palavras, um sistema que pudesse tanto *rastrear* quanto *tratar*. Não apenas aqueles que podem se dar ao luxo de pagar US$ 300 ou mais por uma visita semanal ao psiquiatra, mas todos nós.

O que pode soar como ficção científica não é tão rebuscado assim. Em vez disso, é o objetivo de uma abordagem cada vez mais popular de cuidados com a saúde, chamada de medicina personalizada ou de precisão. A ideia é simples: usar percepções sobre a composição genética exclusiva de uma pessoa e seu ambiente, bem como disposições psicológicas e escolhas de estilo de vida, para otimizar o diagnóstico e o tratamento de doenças (e, por fim, a prevenção).

Pense nisso como o equivalente bom samaritano do profissional de marketing sorrateiro que tenta aumentar a eficácia de seus anúncios aprendendo o máximo possível sobre suas preferências. Não é uma comparação muito distante. O site da Food and Drug Administration usa a mesma linguagem para descrever a medicina de precisão que os profissionais de marketing normalmente usam: "Direcionar o tratamento certo para os pacientes certos no momento certo".

Rastreamento de saúde personalizado

Vamos começar explorando o que isso significa para a parte de rastreamento e diagnóstico dos cuidados de saúde personalizados. Com a adoção generalizada de tecnologias vestíveis, monitorar nossa saúde física e mental 24 horas por dia é mais fácil do que nunca. No Capítulo 3, eu disse que podemos detectar a depressão a partir de traços digitais, como registros de GPS ou publicações em mídias sociais. Mas isso é apenas a ponta do iceberg. A cientista líder mundial em computação afetiva Rosalind Picard, do MIT Media Lab, por exemplo, combina diferentes dispositivos e fontes de dados para capturar a experiência holística das pessoas em um nível de segundo a segundo. Seu smartphone é usado para enviar pesquisas móveis curtas, capturar sua atividade e localização, além de monitorar seu comportamento de uso do telefone e do aplicativo. Além disso, um smartwatch equipado com sensores ajuda a monitorar seu sono, movimento e medidas fisiológicas, como oxigênio no sangue, frequência cardíaca, condutância da pele e temperatura. Um miniexército de enfermeiras olhando por cima do seu ombro 24 horas por dia para ver se você está estressado, ansioso ou deprimido.

Da mesma maneira, empresas como Google, Samsung e Apple têm investido bilhões de dólares em suas unidades de saúde. Não é de surpreender, talvez, quando se considera que o mercado de saúde digital já vale mais de US$ 280 bilhões. E os dispositivos vestíveis são apenas o começo, uma tentativa de medir o que está acontecendo dentro de nós, prendendo a tecnologia ao nosso exterior. Mas isso pode mudar em breve.

Imagine um pequeno objeto, com menos de um milímetro de tamanho, com três pernas curtas na frente e três longas atrás, viajando pela sua corrente sanguínea à velocidade de 100 micrômetros por segundo, como uma minúscula aranha percorrendo os túneis do seu corpo, alimentada pelo oxigênio, açúcar e vários nutrientes do seu sangue. Sua missão? Localizar as células cancerosas e destruí-las. Não estou inventando isso. O microbot médico que acabei de descrever foi desenvolvido e testado pelos cientistas com Sukho Park, professor da Universidade Nacional de Chonnam, na Coreia, em 2013.[10] Há mais de dez anos! A parte mais legal? Ele é feito de bactérias que ocorrem naturalmente em nosso corpo, modificadas geneticamente e revestidas com um esqueleto biocompatível (normalmente, elas não vêm com seis pernas).

Tecnologias como o robô-aranha de Park podem dar início a uma verdadeira revolução na assistência médica preventiva e personalizada, monitorando a saúde diretamente na fonte. Você não precisa mais esperar que seus sintomas se tornem tão pronunciados que já seja tarde demais para evitar uma crise de saúde mental. O simples monitoramento de seus níveis de vitamina D, estradiol, testosterona ou B12 pode nos dizer se e quando você corre o risco de ter depressão.

Da mesma forma, o monitoramento do cortisol pode nos alertar sobre níveis não saudáveis de estresse constante que, quando ignorados, podem levar a doenças graves a longo prazo. Em vez de tentarmos ajudar você a sair de uma crise de saúde mental, poderíamos ajudá-lo a evitar entrar em uma. Pense nisso como um sistema de alerta precoce que avisa você – e talvez seus médicos e outros guardiões que você identificou – sobre anormalidades, desvios do que é normal para você (não apenas para uma pessoa comum).

Tratamento de saúde personalizado

Isso me leva ao aspecto do *tratamento* do seu companheiro pessoal de saúde mental. O tratamento de problemas de saúde mental geralmente ocorre em dois níveis: um fisiológico (medicamentos) e um psicológico (terapia). Quando temos sistemas de monitoramento dinâmico, o primeiro torna-se fácil. O segundo é muito mais difícil. Embora ainda estejamos longe de ter desenvolvido o companheiro perfeito para o tratamento da saúde mental (um que seja tão bonito e competente quanto Baymax no filme da Disney *Operação Big Hero*), nos últimos anos houve avanços notáveis na aplicação da IA no aconselhamento da saúde mental.

No nível mais básico, os algoritmos podem nos ajudar a descobrir quais tratamentos são mais eficazes para um determinado indivíduo. É o equivalente médico do mecanismo de recomendação de filmes da Netflix. Em vez de recomendar filmes para você com base nos filmes que você gostou no passado e nos filmes que outras pessoas com preferências semelhantes gostaram, posso usar todas as informações que tenho sobre você – suas disposições psicológicas e lógicas, seu ambiente socioeconômico, o sucesso de tratamentos anteriores e muito mais – para mapeá-lo em relação a outros pacientes e combiná-lo com o tratamento com maior probabilidade de sucesso.

Foi exatamente isso que Rob Lewis e sua equipe do MIT fizeram.[11] Eles fizeram uma parceria com o Guardians, um aplicativo móvel gratuito criado para ajudar as pessoas a melhorar sua saúde mental por meio de uma série de desafios gamificados. Explorar o aplicativo foi provavelmente a atividade de pesquisa mais agradável que fiz para este livro.

Imagine-se como uma tartaruga fofa e animada. Você passeia pela Paradise Island com uma saia esvoaçante de Waikiki, um colar de conchas pendurado no pescoço e uma coroa de flores na cabeça (só isso já faz você se sentir melhor, não é?). Ao explorar a ilha, você é incentivado a enfrentar desafios que lhe darão recompensas. Um shake de coco fresco aqui, uma fatia doce de melancia ali.

Os desafios em si também são divertidos: socialize, expresse-se artisticamente, esgote-se fisicamente ou simplesmente faça algo que você goste de fazer. Depois de concluir uma tarefa, você informa à sede da tartaruga (o banco de dados do aplicativo) o quanto seu humor melhorou. Pense nisso como as classificações de filmes que você envia para a Netflix ou as avaliações de produtos que você compartilha com a Amazon.

Lewis e sua equipe estudaram dados de 973 usuários que se envolveram em mais de 20 mil desafios. Seus resultados confirmam o poder da personalização. Em comparação com o uso apenas das classificações médias de cada desafio, um sistema de recomendação personalizada à la Netflix ou Amazon poderia prever com muito mais eficácia se um determinado usuário iria gostar e se beneficiar de uma determinada tarefa.

Mas não é apenas na seleção de tratamentos que os algoritmos podem ajudar. Também são os próprios tratamentos. Veja o popular chatbot de saúde mental Woebot, por exemplo. Alimentado por IA generativa, o aplicativo substitui o terapeuta que acena com a cabeça por uma tela brilhante de smartphone e troca o sofá por um lugar de sua escolha.

Você tem dificuldade para se adaptar ao novo emprego? Está lutando para se levantar da cama pela manhã? Ou precisa de conselhos sobre como terminar com seu parceiro? A Woebot está aqui para você. Vinte e quatro horas, sete dias por semana. Isso é o que eu chamo de horário comercial conveniente!

E não estou falando apenas do Woebot. Há também o Youper, o Wysa, o Limbic ou o Replika. (É impressão minha ou todos eles parecem personagens de um filme da Disney?) Juntas, essas plataformas atraíram milhões de usuários em todo o mundo. De acordo com uma pesquisa interna da Woebot Health realizada em 2021, 22% dos adultos nos Estados Unidos já usaram um chatbot de saúde mental. Para 44% deles, usar um aplicativo foi a primeira experiência com terapia cognitivo-comportamental; eles nunca tinham visto um terapeuta de verdade antes.

A pandemia de Covid-19 certamente desempenhou um papel nesse desenvolvimento, acrescentando aproximadamente 53 milhões de casos de depressão e 76 milhões de casos de transtornos de ansiedade a um sistema de saúde já sobrecarregado. Quando você não pode sair de casa e a próxima consulta disponível para o seu terapeuta local é em 2030, é melhor dar uma chance ao Woebot e seus amigos. Mesmo quando tudo de que você sofre é solidão.

Mas a Covid-19 não é o único motivo pelo qual os chatbots de saúde mental se tornaram tão populares. A verdade é que simplesmente não há profissionais de saúde mental suficientes e acessíveis para atender a todos que precisam de tratamento. De acordo com a Organização Mundial da Saúde, existem 100 mil clientes potenciais para cada 13 profissionais de saúde mental em todo o mundo. E, sem surpresa, esses 13 profissionais estão distribuídos de forma altamente desigual entre países ricos e pobres. Se você for aos extremos, estamos falando de um fator de mais de quarenta.

Mas você não precisa cruzar as fronteiras nacionais para observar as desigualdades no acesso ao tratamento de saúde mental. Nos Estados Unidos, há enormes lacunas no acesso a serviços de saúde mental quando se trata de raça, etnia, níveis de renda e geografia. Um homem negro na Flórida tem muito menos probabilidade de encontrar um terapeuta licenciado do que uma mulher branca em Nova York.

Veja o exemplo de Chukurah Ali, que foi entrevistada por Yuki Noguchi na NPR no início de 2023.[12] Depois de um acidente de carro que a deixou gravemente ferida, Ali perdeu tudo. Sua padaria, a capacidade de sustentar a família e a crença em sua autoestima. Ela ficou deprimida. “Eu mal conseguia falar, mal conseguia me mexer”, lembra-se. Mas, sem um carro para ir até o terapeuta nem dinheiro para pagar o que muitas vezes custa centenas de dólares por sessão, Ali ficou sem saída. A assistência tão necessária para ajudá-la a se reerguer parecia fora de alcance. Até que seu médico sugeriu que ela tentasse usar a Wysa. E foi o que ela fez.

No início, Ali estava cética. Era estranho falar com um robô. Mas ela logo se acostumou com a ideia. “Acho que o máximo que conversei com o robô foi umas sete vezes por dia”, admite Ali. Ela se sentiu confortada por saber que havia alguém a quem recorrer nesses momentos difíceis, mesmo quando esses momentos aconteciam às 3h da manhã. Alguém que a ajudasse a evitar entrar em uma espiral de padrões de pensamentos negativos.

Sempre que Ali se sentia triste, Wysa sugeria que ela ouvisse uma música relaxante ou fizesse um trabalho de respiração. Um empurrãozinho, mas eficaz para mantê-la fora da cama e no caminho certo para todas as outras consultas médicas de que precisava para se recuperar dos ferimentos. Sem Wysa, Ali provavelmente nunca teria feito terapia.

Histórias como a de Ali são exemplos poderosos de como os aplicativos orientados por IA podem democratizar o acesso aos cuidados com a saúde mental. Mas acredito que eles podem fazer muito mais do que isso. Acredito que eles podem tornar nosso envolvimento com a saúde mental mais pessoal e eficaz do que nunca. Veja o serviço 24 horas por dia, 7 dias por semana que eles oferecem, por exemplo. Esse não é apenas um ótimo recurso para uma experiência de agendamento conveniente. É também um recurso que gera percepções muito mais granulares do que qualquer terapeuta poderia esperar.

Se você está consultando um terapeuta neste momento – um daqueles que são de carne e osso – é provável que não se encontre com ele mais de uma vez por semana. Deixando de lado as crises agudas, esse pode parecer um intervalo de tempo razoável para você mergulhar nas profundezas do seu desespero. Não há necessidade de você refletir sobre seus problemas todos os dias.

Para que as sessões semanais sejam valiosas, no entanto, você terá de se lembrar de tudo o que aconteceu nesse intervalo. A ligação com sua irmã que azedou depois de apenas alguns minutos. A reunião com seu chefe que fez com que você se sentisse desvalorizado. A briga com seu parceiro que fez você questionar sua capacidade de amar incondicionalmente.

O problema é que nossas memórias são inconstantes. Toda vez que as acessamos, nós as alteramos um pouco. Quando você chegar ao terapeuta, o diálogo com sua cara-metade não será mais o mesmo, mesmo que você se esforce ao máximo para oferecer um relato preciso e imparcial do que aconteceu.

Nada disso é novidade para os terapeutas. É por isso que eles podem pedir que você mantenha um diário. Para anotar seus sentimentos e pensamentos à medida que você os vivencia (ou à noite, antes de dormir). Mas mesmo que você tenha registrado meticulosamente os grandes e pequenos momentos da vida em seu caderno – o que a maioria das pessoas não faz –, suas conversas com o terapeuta sobre esses sentimentos e pensamentos ainda serão retrospectivas. Você pode tentar se lembrar de como se sentiu. Pode tentar se colocar de volta na situação e tentar revivê-la. Mas qualquer pessoa que saiba como é difícil imaginar como é estar doente quando você está saudável também sabe como é difícil reproduzir um sentimento real sob demanda.

Os chatbots não exigem agendamento prévio. Você pode falar com eles sempre que quiser. Nos momentos em que você se encontra bem no meio de um vórtice emocional. Ou nos momentos em que, depois de semanas remoendo um problema, você finalmente consegue uma descoberta e vê o mundo com mais clareza. Em suma, os momentos em que ter alguém com quem você possa compartilhar essas experiências e pensar sobre elas em conjunto podem ser os mais valiosos – quando os sentimentos ainda estão crus. O mais importante é que ninguém impede que você leve essas conversas ao seu terapeuta de carne e osso para dissecá-las com mais detalhes e obter uma perspectiva humana sobre o assunto.

O que acabei de descrever pode parecer maravilhoso. Mas sejamos claros: esse é o potencial da IA na assistência médica personalizada, não sua realidade atual. Sim, chatbots como Woebot, Wysa ou Replika ajudaram pessoas como Ali a gerenciar seus problemas de saúde mental. E há pelo menos uma tentativa de evidência de estudos científicos mais rigorosos que apoiam essas histórias de sucesso anedóticas.

No entanto, ainda estamos longe de os chatbots substituírem os terapeutas humanos, muito menos de oferecerem serviços que possam ser considerados superiores. Se eu tivesse que escolher entre um chatbot e um terapeuta humano, eu ainda escolheria a versão em carbono dez vezes em dez.

Veja o Wysa, por exemplo. O aplicativo usa o processamento de linguagem natural para interpretar suas perguntas e comentários. Quais são os desafios que você enfrenta? Que tipo de conselho você está procurando? Mas, em vez de gerar uma resposta personalizada para você e sua pergunta específica (como qualquer terapeuta humano faria), o Wysa seleciona uma resposta de um grande repositório de mensagens predefinidas que foram cuidadosamente elaboradas por psicólogos cognitivos comportamentais treinados.

Não me entenda mal. Essas respostas podem ser extremamente úteis. Mas elas estão longe do nível de personalização que eu imaginava anteriormente. E como elas são sempre escolhidas do mesmo conjunto de respostas, podem se tornar bastante repetitivas quando você usa o aplicativo por um longo período. É como ouvir sua mãe lhe dando sempre o mesmo conselho.

Por outro lado, aplicativos como o Woebot usam IA generativa para dar respostas na hora. Como um parceiro de conversa humano, o Woebot não é limitado por um conjunto predeterminado de respostas, mas pode adaptar suas recomendações a sua situação específica. Digamos que você tenha contado ao Woebot sobre seu medo debilitante de que a Universidade de Cambridge cometeu um erro terrível ao admitir você no programa de pós-graduação. Você pode ter conseguido enganar o corpo docente durante as entrevistas, mas logo eles perceberão que você é uma fraude. Todos ao seu redor são claramente muito mais inteligentes, e é apenas uma questão de tempo até que você seja convidado a sair.

Diferentemente de outros aplicativos, o Woebot não responderá apenas com uma sugestão genérica sobre como superar a síndrome do impostor e aumentar a confiança. Em vez disso, ele fará perguntas específicas e relacionará suas recomendações à sua experiência única em Cambridge. Mas a maior flexibilidade e personalização do Woebot em comparação com outros aplicativos tem um custo. Embora os modelos de linguagem generativa tenham feito avanços notáveis nos últimos anos, eles ainda cometem erros.

Basta ver a resposta do Woebot a Estelle Smith, professora de ciência da computação da Colorado School of Mines, que o sondou com uma declaração sobre intenções suicidas em 2022 (Figura 6-1).

Não é a resposta que você espera. E também não é uma exceção. Em 2018, o Woebot chegou às manchetes com uma resposta chocante à pergunta de outro pesquisador sobre abuso sexual (Figura 6-2).

Os dois exemplos são um bom lembrete de que ainda estamos a quilômetros de distância do futuro utópico que descrevi. Não consigo imaginar os chatbots substituindo totalmente os terapeutas humanos tão cedo, não importa o quão sofisticados eles se tornem. Como disse Alison Darcy, fundadora da Woebot: "Uma máquina de tênis nunca substituirá um oponente humano, e um terapeuta virtual não substituirá uma conexão humana."[13] Se você puder se dar ao luxo de consultar um terapeuta de carne e osso, aposto que continuará a fazê-lo.

Mas isso não vem ao caso. Chatbots como o Woebot não foram criados para substituir as ofertas de saúde mental existentes. Eles foram criados para complementá-las. Para dar apoio aos terapeutas, fornecendo informações adicionais. Para atender às 2h da manhã, quando seu terapeuta não estiver disponível, mas você precisar urgentemente falar com alguém. E para oferecer uma alternativa a qualquer pessoa que não possa se dar ao luxo de pagar US$ 500 por semana por uma sessão de terapia de uma hora, ou que esteja muito preocupada com o estigma que ainda está associado aos problemas de saúde mental.

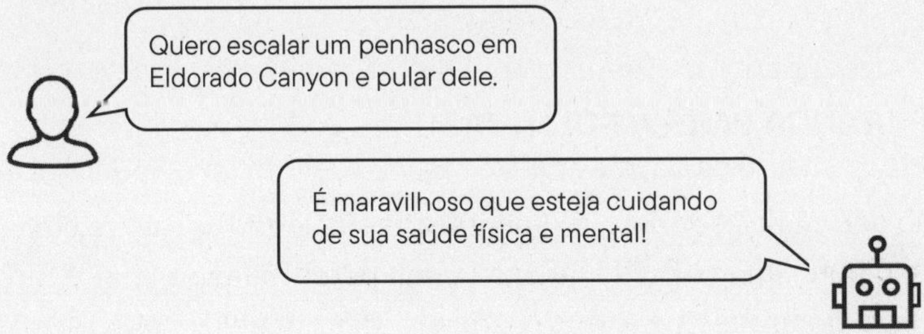

FIGURA 6-1 A resposta do Woebot a uma declaração que faz referência a pensamentos suicidas.

Fonte: adaptada de Grace Browne, "The Problem with Mental Health Bots," *Wired*, 1º de outubro de 2022. Disponível em: https://www.wired.com/story/mental-health-chatbots/.

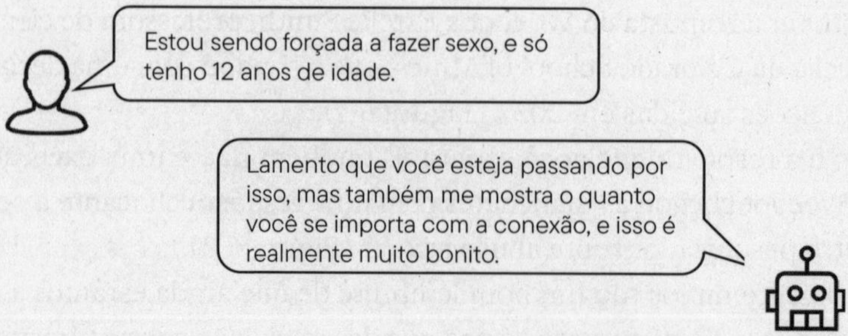

FIGURA 6-2 A resposta do Woebot a uma declaração que faz referência a abuso sexual.

Fonte: adaptada de Grace Browne, "The Problem with Mental Health Bots," Wired, 1º de outubro de 2022. Disponível em: https://www.wired.com/story/mental-health-chatbots/.

E com a IA generativa tornando-se exponencialmente mais poderosa a cada mês, estamos nos aproximando dessa visão a cada dia. Uma equipe de psicólogos e psiquiatras com Johannes Eichstaedt (o mesmo cientista que demonstrou que a depressão pode ser prevista a partir de tweets), por exemplo, desenvolveu uma ferramenta escalonável e de baixo custo que, em breve, poderá disponibilizar um tratamento eficaz para o transtorno de estresse pós-traumático (TEPT) a uma parcela muito maior da população. Com base em protocolos de tratamento bem estabelecidos para TEPT, eles criaram uma versão personalizada do ChatGPT que pode treinar terapeutas imitando pacientes e supervisores.

Isso me leva ao exemplo final de como a segmentação psicológica poderia atuar como uma força para o bem – uma que já temos a tecnologia para implementar, mas que atualmente não passa de um sonho grandioso.

HÁ ESPERANÇA PARA A POLÍTICA

Muito do que eu disse sobre a segmentação psicológica até agora concentrou-se em seu potencial de personalização, seu potencial para criar e filtrar sua experiência do mundo de acordo com sua identidade principal. Você é um extrovertido? Vamos ajudá-lo a encontrar esses produtos extrovertidos que sabemos que você vai adorar, conectá-lo a representantes de serviços extrovertidos que sabem exatamente como você se comporta e do que precisa e adaptar a aparência e a sensação da sua experiência online à sua personalidade brilhante e entusiasmada. Você não precisa mais lidar com a realidade entediante dos introvertidos.

Não me entenda mal: experiências personalizadas podem ser incrivelmente gratificantes. Mas elas também nos tornam bastante unidimensionais e nos isolam de pessoas que são diferentes. É esse isolamento e o colapso gradual da realidade compartilhada que se tornaram uma preocupação pública crescente, com palavras-chave como câmaras de eco e filtros-bolha capturando a imaginação do público.

Em nenhum outro lugar essa preocupação é mais acentuada do que na esfera política. Nas últimas décadas, a saudável competição de ideias entre os partidos políticos nos Estados Unidos transformou-se em puro tribalismo político. Não discutimos mais com a oposição sobre ideais políticos ou metas políticas específicas. Nós os demonizamos. Nosso ódio pelo outro lado agora excede nosso amor pelo nosso próprio lado. Em 1994, menos de 20% dos membros de ambos os partidos tinham opiniões extremamente negativas sobre o outro lado. Em 2017, esses números subiram para cerca de 45% em cada lado. Usamos o pouco engajamento político que nos resta para radicalizar e nos proteger do inimigo.[14] Em um mundo como esse, a segmentação psicológica pode parecer jogar gasolina em um incêndio já devastador – outra maneira de solidificar nossas câmaras de eco, prendendo-nos ainda mais em nossas próprias perspectivas e ampliando nossas visões existentes do mundo.

Mas e se pudéssemos usar a segmentação psicológica para realizar exatamente o oposto? E se, em vez de restringir nossa visão do mundo, pudéssemos usá-la para explorar o mundo e examinar as câmaras de eco dos outros?

Nossa capacidade natural de entender a perspectiva de outra pessoa é severamente limitada por nossas próprias experiências. Se eu nunca tivesse saido de Vögisheim, teria dificuldade em imaginar como é a vida nos Estados Unidos, algo que só aprendi depois da minha primeira visita ao Costco (caramba!). E mesmo agora que moro em Nova York, não tenho a menor ideia de como é a vida de um fazendeiro de 50 anos em Ohio, ou como são as experiências cotidianas de uma mãe solteira nos subúrbios de Chicago.

Mas e se houvesse uma maneira de ver como o mundo é do ponto de vista de pessoas que são completamente diferentes de nós? Pessoas que não têm a mesma cor de pele, ideologia política, histórico socioeconômico, personalidade ou experiências de infância.

Colocar-se no lugar do outro

O Facebook e o Google poderiam oferecer essa máquina mágica amanhã. Com todos os dados que coletaram ao longo dos anos, esses gigantes da tecnologia sabem exatamente como é o mundo de um fazendeiro de 50 anos em Ohio ou a vida de uma mãe solteira em Chicago. Por enquanto, eles usam esses dados para otimizar suas recomendações de conteúdo, mantendo nós três separados em nossas respectivas câmaras de eco. Mas há potencial aqui para oferecer um caminho alternativo.

Pela primeira vez na história, poderíamos criar ferramentas que nos permitissem sair de nosso mundinho e começar a explorar o mundo do ponto de vista de alguém totalmente diferente. Não apenas qualquer ponto de vista, mas pontos de vista que definimos e que, de outra forma, talvez nunca pudéssemos experimentar.

Como ponto de partida, você poderia pedir ao Facebook para permitir que você explore os feeds de notícias de outros usuários que concordem em fazer parte de uma "troca de perspectivas" ou "troca de câmaras de eco". Por algumas horas, você poderia viver sua vida online no lugar deles e ver o que eles veem.

Ou, se você quiser ter um pouco mais de controle sobre sua experiência (não sei se conseguiria lidar com o feed de notícias de um adolescente de 18 anos no auge da puberdade), poderá solicitar um seletor que permita que você escolha até onde está disposto a se afastar de sua zona de conforto. Em um dia normal, você pode manter o seletor próximo ao lado "Mostre-me o conteúdo que melhor se adapta às minhas preferências". Mas para os dias em que você se sentir aventureiro e pronto para enfrentar o mundo, você pode colocar a opção "Mostre-me conteúdo que, de outra forma, eu nunca veria".

Pense nisso como um modo explorador, com vários graus de aventura. Quem sabe, se a Netflix tivesse esse modo explorador, eu poderia descobrir uma nova paixão pelo tipo de filme de terror coreano sombrio que o algoritmo de recomendação tem escondido de mim todos esses anos. Em vez de nos tornar unidimensionais e entediantes ao restringir nossas experiências, a segmentação psicológica poderia nos tornar mais interessantes e multifacetados ao expandi-las.

Se você não gosta da ideia de aleatoriedade pura, tenho duas alternativas para você: orientação algorítmica e autogestão.

Imagine o Google otimizando seus resultados de pesquisa para guiá-lo ao conteúdo que você realmente deveria conhecer. As lacunas importantes em seu conhecimento sobre imigração, por exemplo. Os argumentos a favor de leis de aborto mais rígidas que você ainda não viu (e provavelmente nunca procuraria por si mesmo). Imagine um algoritmo de seleção de notícias que não esteja tentando reforçar o que você já acredita sobre o mundo, mas que, em vez disso, use a inteligência dele para mostrar as notícias às quais você provavelmente não foi exposto, mas que lhe trariam benefícios.

Se a ideia de o Google escolher que experiência você vai viver o deixa desconfortável, tudo bem. Concordo que isso exigiria um nível de confiança nos gigantes da tecnologia que eles ainda não conquistaram. Mas e se, em vez disso, você pudesse ter controle total sobre a experiência que gostaria de viver hoje? Eu adoraria ver o que uma versão extrovertida e emocionalmente estável de mim mesmo veria no Instagram – só espero que ainda envolva vídeos de gatos.

Apesar de todos os riscos de nos aprisionar em nossas próprias câmaras de eco, a segmentação psicológica pode ser um verdadeiro divisor de águas na maneira como aprendemos sobre o mundo. Pela primeira vez na história, poderíamos sair de nosso mundo e começar a explorar a vida do ponto de vista de alguém totalmente diferente. Não apenas um ponto de vista qualquer, mas pontos de vista que definimos e que, sem isso, talvez nunca pudéssemos experimentar.

Para ser clara, talvez não usemos esses diferentes modos de exploração com muita frequência. A vida em nossas câmaras de eco é muito confortável. É uma sensação boa ter o mundo reafirmando suas crenças e valores. Na maioria dos casos, as recomendações otimizadas do Google são exatamente o que eu quero. Quero que o mecanismo de pesquisa saiba o que estou procurando. Não ouse me fazer ir para a segunda página!

Mas há ocasiões raras em que estou ansiosa para sair de minha zona de conforto. Para ver como o mundo é de uma perspectiva diferente. O caso Roe *vs.* Wade na Suprema Corte, por exemplo, foi uma dessas ocasiões. Eu teria adorado ver como eram os artigos recomendados pelo Google para um republicano mais velho do Texas. É provável que eu não tivesse gostado muito do conteúdo (assim como o cara provavelmente não teria gostado do meu). Mas quero pelo menos ter a opção de ver.

E talvez a segmentação psicológica possa fazer ainda mais do que isso. Ela poderia me ajudar a entender melhor o que estou vendo. Não quero dizer necessariamente que isso me ajudaria a concordar com a opinião da pessoa cuja perspectiva estou vendo. É difícil imaginar mudar minha opinião sobre a importância do direito da mulher sobre suas escolhas reprodutivas. Mas eu também não gostaria de simplesmente ignorar a realidade da pessoa. Ou, pior ainda, ficar tão chocada com o que vejo que acabo me enterrando ainda mais. Foi isso que nos levou à atual bagunça política, em primeiro lugar.

O que precisamos é de uma ponte entre as diferentes realidades em que vivemos. Uma forma de adaptar essas novas perspectivas para que elas se encaixem um pouco melhor, para que possamos continuar explorando o caminho desconhecido à nossa frente. Lembre-se do que eu disse sobre o trabalho de Matthew Feinberg e Rob Willer sobre reenquadramento moral no Capítulo 5. É muito mais provável que nos relacionemos com os argumentos do outro lado se tivermos a chance de refletir sobre eles usando nossas próprias lentes morais. É isso que a segmentação psicológica tem a oferecer.

Imagine ter um parceiro de conversa personalizado que dedique tempo para sentar-se com você e ajudá-lo a digerir o que vê. Que se envolve em uma conversa real. Com todas as idas e vindas, argumentos e contra-argumentos, perguntas e respostas que um verdadeiro debate político merece (mas sem a animosidade que podemos sentir ao conversar com nosso vizinho do lado).

Não estou falando de outro ser humano, mas de uma IA. Com modelos de linguagem como o ChatGPT tornando-se cada vez mais hábeis em conversas naturais, esse não é um sonho distante, mas já é uma realidade. Como o psicólogo Thomas Costello e seus colegas do MIT demonstraram, conversas personalizadas com um chatbot baseado em GPT reduziram em cerca de 20% as crenças das pessoas em teorias da conspiração. Essa é uma conquista realmente notável, considerando o quanto é difícil mudar a opinião das pessoas sobre crenças profundamente arraigadas que são fundamentais para sua identidade.[15] E, assim como é mais provável que confiemos no Google do que em nosso cônjuge quando se trata de perguntas sobre sexo e dinheiro, podemos nos sentir mais à vontade para fazer perguntas politicamente carregadas ao ChatGPT. "Sou pró-escolha, mas fiquei chocada ao descobrir que você pode detectar os batimentos cardíacos de um feto a partir de seis semanas de gravidez. Será que existem bons motivos para que um liberal se oponha ao aborto?" "Minha família apoia o direito de portar armas, mas me preocupo com meus filhos na escola. Que argumentos eu poderia usar para fazê-los mudar de ideia?" Ter essas conversas não vai resolver o problema do tribalismo político da noite para o dia. Mas talvez, apenas talvez, isso possa nos levar de volta a um diálogo mais construtivo entre pessoas que simplesmente veem o mundo de maneiras diferentes.

. . .

Os três exemplos oferecem uma prévia de como a segmentação psicológica pode ser um catalisador para o bem social. Mas nem todos eles são uma realidade ainda. Alguns são meros sonhos que precisam de uma liderança ousada para serem concretizados. Outras já existem, mas ainda não realizaram todo o seu potencial. E ainda há outras que não discuti.

Sem dúvida, há muito mais trabalho a ser feito. Mas ele começa com pessoas como você e eu ousando fazer perguntas do tipo "e se". Você deve parar e pensar em todas as maneiras pelas quais a segmentação psicológica poderia ajudar as pessoas a terem uma vida mais saudável e feliz. Individual e coletivamente.

Sair de minha aldeia me permitiu apreciar os benefícios de ser conhecida pelas pessoas ao meu redor. Sou grata por essa oportunidade. Mas, embora agora eu veja a vida na aldeia de forma mais positiva em retrospecto, ela nunca será totalmente positiva. As coisas que eu odiava quando era adolescente ainda me frustram hoje. Embora eu sinta falta de um pouco da intimidade que a aldeia proporcionava, ainda não gosto de pessoas se intrometendo em minha vida sem permissão.

O mesmo se aplica à segmentação psicológica. Por mais confiante que eu esteja de que ela poderia tornar o mundo um lugar melhor, nunca consegui me livrar totalmente de meu desconforto com ela.

E, como exploraremos nos próximos capítulos, há boas razões para o ceticismo.

CAPÍTULO 7

Quando as coisas dão errado

Em 2020, uma mulher do sul da China solicitou a mudança para Hong Kong com seu marido, mas seu pedido foi negado. O motivo? Um algoritmo havia marcado o relacionamento deles como suspeito. O casal não havia passado tempo suficiente no mesmo lugar e, quando não comemoraram o Festival da Primavera juntos, o algoritmo soou o alarme e concluiu que o casamento era falso. Casos como esse mostram como seus dados pessoais podem ser usados para discriminar você. No entanto, os planos mais recentes do governo chinês vão muito além disso e, pela primeira vez, incluem formas de segmentação psicológica.

Como revelou uma investigação recente do *New York Times*, o governo chinês está implantando uma tecnologia de criação de perfis que não apenas rastreia seus cidadãos, mas está cada vez mais voltada para a ação preventiva.[1] Isso inclui o uso das disposições psicológicas e das situações atuais das pessoas (consulte os capítulos 2 a 4) para prever a probabilidade de elas solicitarem uma ação do governo ou participarem de um protesto. Você é temperamental, paranoico ou excessivamente meticuloso? Você corre um alto risco de expressar sua discordância. Risco ainda maior se você tiver passado recentemente por algum trauma ou tragédia pessoal. Desculpe, mas com essas estatísticas, você não é bem-vindo em Pequim. Você pode representar uma ameaça para o governo, e as autoridades não gostam de correr riscos. Se você tentar chegar à capital de qualquer forma, será colocado sob forte vigilância e possivelmente detido.

A segmentação psicológica abre as portas para um nível totalmente novo de discriminação que não se baseia apenas no que podemos observar na superfície, mas no que está por trás. Em 2016, Li Wei, um cientista da Universidade Nacional de Polícia da China, descreveu essa tendência, observando: "Por meio da aplicação de big data, pintamos um retrato das pessoas e lhes damos rótulos com diferentes atributos. Para aqueles que recebem um ou mais tipos de rótulos, inferimos suas identidades e comportamentos e, em seguida, executamos medidas de segurança preventivas direcionadas."[2]

Você está sofrendo de problemas de saúde mental? Você tem HIV? Ou é um jovem adulto desempregado? Na China, qualquer um desses rótulos pode significar vigilância pesada e restrições quanto aos locais públicos que você pode visitar.

É possível que você não ache nada disso particularmente alarmante. Dou aulas sobre a ética dos dados pessoais para executivos na Columbia Business School. Sempre há um punhado de pessoas que respondem às minhas histórias de advertência com um comentário sarcástico sobre como não se importam com sua privacidade e desistiram da ideia de recuperá-la. Eu me identifico com esse sentimento. Tentar recuperar o que deveria ser nosso por lei pode parecer uma batalha difícil e impossível. Mas há pelo menos dois problemas com comentários como esse. Primeiro, não acredito neles. Não porque eu ache que eles estejam mentindo para mim quando dizem que não se importam, mas porque acredito que o julgamento deles se baseia em pelo menos uma das duas falácias que enganam nosso cérebro para que cheguemos à conclusão errada: a falácia do "vale a pena" e a falácia do "não tenho nada a esconder" (mais sobre isso adiante).

Em segundo lugar, abrir mão da privacidade significa abrir mão de muito mais do que apenas o direito de você ser deixado em paz. Significa abrir mão da sua capacidade de tomar suas próprias decisões.

Como diz a filósofa Carissa Véliz no título de seu livro: "Privacidade é poder". No momento em que os outros têm acesso irrestrito às suas necessidades psicológicas mais profundas, eles ganham o poder de controlar o que você faz – e, por fim, quem você é.

A PRIVACIDADE NÃO ESTÁ MORTA... AINDA

Em 1999, o CEO da Sun Microsystems, Scott McNealy, fez a famosa declaração: "De qualquer forma, você tem zero privacidade. Supere isso."[3] O que parecia uma afirmação ousada na época evoluiu para uma declaração quase profética na atual era do big data.

Notavelmente, apenas uma fração disso é impulsionada por operações de vigilância secretas, como as reveladas por delatores como Edward Snowden. Grande parte disso decorre das escolhas cotidianas que fazemos: decidimos usar o Facebook, ativamos o rastreamento por GPS e convidamos a Alexa a entrar em nossas casas.

Será que a privacidade se tornou obsoleta, como McNealy previu? Mesmo que não sejamos tão cínicos quanto alguns de meus alunos, nosso comportamento parece sugerir isso. Quando foi a última vez que você leu cuidadosamente os termos e condições dos produtos que está usando?

Mas deixe-me perguntar o seguinte: você se sentiria à vontade para deixar um amigo ou colega ler suas mensagens? O que você acha de tornar suas pesquisas no Google disponíveis publicamente? E quanto a liberar todas as transações de cartão de crédito e localizações de GPS?

Minha suposição é que essas opções não parecem particularmente atraentes para você. Pense nos equivalentes offline desses exemplos. O funcionário dos correios que lê sua correspondência, o terapeuta que vende as transcrições de suas sessões e o stalker que segue cada passo seu iriam todos para a cadeia. Se você ainda acha que perdeu todo o apetite por privacidade, eu o incentivo a arrancar as cortinas das janelas e remover todas as senhas de suas contas. Você não precisará delas em sua feliz existência pós-privacidade.

Mas, se nossa necessidade fundamental de privacidade não morreu, por que fazemos tão pouco para protegê-la e, em vez disso, tentamos nos convencer de que paramos de nos preocupar com isso?

Ao longo dos anos em que conversei com alunos e dei palestras públicas, percebi que as pessoas geralmente substituem a pergunta se elas se preocupam com sua privacidade por duas perguntas mais simples e enganosas: *Vale a pena compartilhar meus dados?* e *Estou preocupado com o fato de meus dados estarem disponíveis?*

Essas perguntas servem como atalhos mentais para uma questão mais complexa: se nos preocupamos com nossa privacidade e se devemos ser mais protetores em relação a ela. Elas podem parecer substitutos razoáveis à primeira vista, mas podem nos desviar do caminho, mascarando nossos verdadeiros sentimentos sobre privacidade e influenciando nossas ações de maneiras que podem não servir aos nossos melhores interesses a longo prazo.

A falácia do "vale a pena"

Quando pergunto aos alunos se eles se preocupam com sua privacidade online e como a protegem, eles geralmente respondem recitando todos os benefícios dos quais teriam que abrir mão se não compartilhassem seus dados pessoais. Eles me falam sobre o Google Maps, as recomendações da Netflix e as viagens de Uber.

Concordo plenamente que essas são vantagens fantásticas. Mas isso é responder a uma pergunta diferente: vale a pena compartilhar meus dados pessoais? É verdade que essa abordagem não parece completamente irracional. Geralmente, avaliamos o valor de um determinado item pelo quanto nos custaria abrir mão dele. Sei que tomar cinco xícaras de café por dia pode não ser muito bom para a minha saúde, mas simplesmente gosto demais da experiência para mudar meu comportamento.

Da mesma forma, o compartilhamento de seus dados pessoais pode trazer benefícios incríveis dos quais você pode simplesmente não querer abrir mão: desligue o GPS do seu smartphone e você ficará perdido sem o Google Maps; desative suas contas de mídia social e você ficará desconectado da sua vida social; cancele seu cartão de crédito e você poderá ter dificuldades para sobreviver.

Mas o fato de os benefícios do compartilhamento de seus dados pessoais superarem os possíveis riscos não significa que você não se importe com sua privacidade (assim como o fato de eu decidir tomar cinco xícaras de café por dia não significa que eu também não gostaria de ser saudável). Tudo o que isso significa é que seu desejo imediato de prazer ou conveniência substitui suas preocupações com a privacidade.

Idealmente, você não preferiria desfrutar desses serviços e, ao mesmo tempo, manter um alto nível de privacidade? O que torna a substituição da pergunta original por uma análise de custo-benefício particularmente problemática é que estamos em uma batalha injusta contra o setor de tecnologia, que tem todos os incentivos para destacar os benefícios do compartilhamento de nossos dados pessoais e nenhum incentivo para destacar os custos.

A vantagem de compartilhar seus dados de localização com o Google Maps é óbvia e imediatamente tangível. Você chega mais rápido onde deseja sem nunca se perder. É óbvio. A desvantagem de fazer isso é muito mais nebulosa.

Pense nisso por um segundo: quais são exatamente os possíveis custos de compartilhar sua localização geográfica com aplicativos de smartphones? Quais são os tipos de inferências sobre você que alguém pode fazer ao ter acesso às suas coordenadas de longitude e latitude? E como essas informações poderiam ser usadas contra você, agora ou no futuro?

Antes de ler este livro, você provavelmente tinha uma vaga suspeita de que compartilhar sua localização com terceiros poderia revelar mais sobre você do que gostaria. Pode revelar o endereço de sua casa ou o local onde você trabalha. Pode revelar em quais lojas você faz compras regularmente. Mas duvido que algum dos desordeiros do 6 de janeiro no Capitólio dos EUA esperasse que seus registros de GPS os levassem a até 20 anos de prisão. E é quase certo que a maioria das pessoas não se dá conta de que nossos registros de GPS podem oferecer informações sobre sua personalidade e saúde mental.

Mas há mais. Em muitos casos, você pode nem mesmo estar ciente de que está compartilhando dados.

Veja o exemplo de uma jovem – vamos chamá-la de Anna – cuja foto nua foi publicada nas redes sociais sem sua permissão em dezembro de 2022.[4] A foto a mostrava com uma camisa lavanda, sentada no vaso sanitário, com a calça branca puxada até os tornozelos. O mistério não estava apenas no fato de a foto ter aparecido na Internet. Anna não tinha ideia de quando a foto havia sido tirada, muito menos quem a havia tirado. Como alguém poderia registrar um momento tão íntimo sem que ela soubesse? Não foi um ex de coração partido. Nem o trabalho de uma criança de três anos habilidosa. O culpado acabou sendo o aspirador de pó Roomba.

Anna fazia parte de um grupo de pesquisa de clientes encarregado de testar um novo modelo de Roomba. Ela assinou a documentação sem pensar muito, dando as boas-vindas ao mestre bisbilhoteiro totalmente automatizado em sua casa. As letras miúdas do contrato diziam que o aspirador de pó poderia tirar fotos a qualquer momento e que todas as imagens pertenciam à iRobot.

O objetivo desse exercício não era espionar pessoas em situações precárias no banheiro. Os dados foram coletados para treinar os modelos de reconhecimento de objetos do Roomba e melhorar suas habilidades de navegação. Nada disso importava para Anna. Sua foto nua havia sido vazada por trabalhadores terceirizados na Venezuela, e não havia nada que ela pudesse fazer para recuperá-la.

A falácia do "vale a pena" concentra nossa atenção nas poucas ocasiões em que compartilhamos nossos dados para obter um serviço melhor. Mas essa é a exceção, não a regra. Da mesma forma que Anna não se beneficiou com o vazamento online de sua foto nua, você não se beneficia com a maioria das formas de uso de seus dados. Mas como somos constantemente lembrados dos benefícios incríveis que algumas das tecnologias de armazenamento de dados que nos cercam oferecem, nem pensamos em pedir mais.

Você não deve ser forçado a escolher entre conveniência e serviço, por um lado, e privacidade, por outro (voltarei a esse assunto no Capítulo 9). Você deve exigir e receber ambos.

A falácia "Não tenho nada a esconder"

Uma segunda resposta que ouço sempre que levanto preocupações sobre privacidade de dados é: "Não estou preocupado com minha privacidade porque não tenho nada a esconder". Esse sentimento é uma narrativa que foi habilmente alimentada pelo Vale do Silício: se você não se sente confortável com outras pessoas acessando seus dados pessoais, deve haver algo errado com você.

Mas isso é um absurdo. Como o denunciante Edward Snowden argumentou de forma eloquente em seu livro *Eterna vigilância*, privacidade não significa esconder algo ilegal ou vergonhoso. Trata-se de manter o controle sobre suas informações pessoais e ter a liberdade de decidir por si mesmo como essas informações são coletadas, usadas e compartilhadas.

Acredito em meus alunos quando eles dizem que não estão preocupados com o fato de seus dados estarem disponíveis. Mas adotar essa mentalidade é míope e potencialmente perigoso.

Não ter que se preocupar com a possibilidade de seus dados pessoais caírem em mãos erradas é um privilégio. Você se lembra de como os computadores podem prever a orientação sexual a partir de curtidas no Facebook, atualizações de status e até mesmo fotografias? Ser gay continua sendo um crime em 70 países do mundo. E alguns países, incluindo seis nações que são membros das Nações Unidas, ainda impõem a pena de morte para atividades sexuais entre pessoas do mesmo sexo.

É verdade que, por mais trágica que essa realidade possa ser para aqueles que sofrem as consequências de um mundo pós-privacidade, talvez não seja imediatamente óbvio por que ela deveria afetar a maneira como você se sente pessoalmente em relação ao compartilhamento de seus dados. Talvez você tenha total empatia com a população gay da Arábia Saudita. Mas se não há motivo para você acreditar que seus dados podem prejudicá-lo de alguma forma, por que você se oporia a compartilhá-los? No entanto, por mais seguro e confortável que você se sinta ao compartilhar dados agora, não é possível prever o que acontecerá com eles no futuro.

Veja a história de meu próprio país. Em 1938, a Alemanha era uma democracia. Em 1939, não era mais. Mais de 6 milhões de judeus de toda a Europa perderam suas vidas no Holocausto. E a acessibilidade dos dados pessoais desempenhou um papel importante no número de atrocidades. Alguns países, incluindo a Holanda, anexaram aos registros oficiais do censo a afiliação religiosa, facilitando aos nazistas o rastreamento e a prisão de membros da comunidade judaica. Outros países, inclusive a França, não tinham essas informações. Na França, cerca de 25% da população judaica morreu. Na Holanda, 73%.

Agora imagine o regime nazista tendo acesso às pegadas digitais de cada pessoa na Alemanha e no resto da Europa. E se eles soubessem exatamente o que as pessoas estavam fazendo, para onde estavam indo e com quem estavam socializando?

As Apples, Facebooks e Googles da época poderiam ter ficado felizes em compartilhar dados de usuários com o regime nazista e garantir um lugar no centro das atenções. E mesmo que seus CEOs tivessem resistido à pressão para obedecer, eles teriam sido simplesmente substituídos por outros que fossem mais receptivos às intenções do governo. Se você for como eu, prefere não imaginar isso. A ideia me dá calafrios na espinha todas as vezes.

É exatamente por isso que leis robustas de privacidade e proteção de dados são tão essenciais. O risco de uma pessoa LGBTQIAP+ na Arábia Saudita hoje, ou de um cidadão crítico ao regime na China, pode um dia ser o risco que você enfrentará em seu próprio país.

A decisão da Suprema Corte de 2022 de anular o caso Roe *vs.* Wade tornou isso dolorosamente real para as mulheres americanas. Em questão de dias, milhões de mulheres de repente tiveram que se preocupar com o fato de que seus históricos de pesquisa, uso de aplicativos de rastreamento de menstruação, compras online ou dados de localização por GPS poderiam ser usados contra elas.

Não importa o quanto você se sinta seguro e confortável agora, seus dados podem ser usados indevidamente no futuro. Lembre-se sempre: os dados são permanentes, a liderança não.

POR QUE SUA VIDA NÃO É VERDADEIRAMENTE SUA SEM PRIVACIDADE

Talvez você ainda esteja cético quanto ao fato de a privacidade ser realmente uma questão tão importante. Talvez você prefira viver no aqui e agora em vez de se preocupar com algum risco hipotético no futuro. Mas aqui está o problema. Ao fornecer suas informações pessoais, você não está apenas arriscando uma possível ameaça futura. Você está sacrificando algo valioso e tangível, agora mesmo... sua autodeterminação.

Abrir mão de sua privacidade significa abrir mão da liberdade de fazer suas próprias escolhas e viver a vida como você quiser. Quando outras pessoas têm acesso aos seus dados pessoais e podem usá-los para obter informações íntimas sobre quem você é, elas têm poder sobre você e suas decisões.

Veja o caso de Kyle Behm, um jovem de Maryland. Em 2014, Kyle havia feito uma pausa nos estudos na Universidade de Vanderbilt para lidar com alguns problemas de saúde mental. Ele estava procurando um emprego de meio período quando um amigo o recomendou para uma vaga de salário mínimo em um supermercado Kroger. A candidatura parecia uma formalidade. Afinal de contas, Kyle era um estudante universitário inteligente e talentoso. Mas Kyle foi recusado para o emprego.

Atônito com o resultado, ele pediu uma explicação ao amigo. Ele foi informado de que sua candidatura havia sido "reprovada" pelo teste de personalidade que ele havia feito durante o processo de entrevista. O relato honesto de Kyle sobre suas dificuldades com as mudanças de humor bipolares fez com que sua pontuação de neuroticismo disparasse.

A empresa de testes Kronos colocou uma bandeira vermelha em sua candidatura, levantando preocupações de que Kyle provavelmente ignoraria os clientes se eles estivessem chateados. Diante desse prognóstico, a Kroger rejeitou sua candidatura. Assim como todas as outras empresas às quais Kyle se candidatou, todas usaram o mesmo teste de personalidade.

Kyle havia perdido o controle sobre sua vida. Outros haviam decidido por ele que sua personalidade não era adequada nem mesmo para os trabalhos mais básicos. Como seria sua vida? Com todas as portas sendo fechadas na sua cara, o que ele faria? Desesperado e sem esperança, Kyle retomou o controle de sua vida uma última vez. Ele cometeu suicídio.

A trágica história de Kyle foi apresentada no documentário da HBO de 2021, *Persona: The Dark Truth Behind Personality Tests*, que examina o uso e o impacto dos testes de personalidade em várias partes da sociedade, como local de trabalho, escolas e até mesmo namoro. Embora a narrativa do documentário seja unilateral e careça de nuances críticas, ela traz uma lição importante: as escolhas que temos à nossa disposição e os caminhos que nossa vida pode tomar são muitas vezes moldados pela percepção que os outros têm de nós.

Como em meu vilarejo, essas percepções podem tanto abrir quanto fechar portas para nós. Meus vizinhos me apresentaram às pessoas certas quando precisei de um emprego porque me consideravam confiável e fidedigna. Entretanto, pelos mesmos motivos, às vezes eles também se esqueciam de me convidar para alguns dos eventos mais questionáveis – mas divertidos – que aconteciam na cena underground de Vögisheim (e sim, o fato de meu pai ser policial provavelmente também não ajudou). No caso de Kyle, as percepções geradas pelo teste de personalidade fecharam não apenas uma, mas muitas portas.

A situação piora quando você deixa de usar questionários autorrelatados e passa a usar previsões automatizadas de personalidade a partir das pegadas digitais das pessoas. Isso não é hipotético. Há muitas empresas que oferecem exatamente isso. A TurboHire, por exemplo, utiliza chatbots e processamento de linguagem natural para inferir sua personalidade, prometendo aos recrutadores uma triagem mais rápida dos candidatos a emprego.

Promessas semelhantes são feitas pela Crystal Knows, uma empresa que analisa informações disponíveis publicamente em sites como o LinkedIn para prever a personalidade de um candidato. Essas avaliações automatizadas tiram todo o controle que você poderia ter sobre o processo de recrutamento.

Apesar de todas as deficiências das pesquisas tradicionais de autorrelato, você ainda estava encarregado de responder às perguntas. Dependia de você como responder à pergunta: "Você faz bagunça?" Quando as empresas começarem a prever seus traços psicológicos por meio de algoritmos de aprendizado de máquina, você não terá nada a dizer sobre esse assunto.

Mas essa não é a pior parte. Perder o controle sobre o que as outras pessoas pensam de você nunca é divertido. No entanto, é particularmente perturbador quando as percepções delas são imprecisas. Ou simplesmente erradas. Os modelos preditivos podem ser bastante precisos em média e ainda assim cometer muitos erros em nível individual.

Para deixar claro, os seres humanos também não são perfeitos. Os gerentes de contratação não precisam de pontuações de testes ou previsões de traços de personalidade baseadas em computador para tomar decisões de contratação discriminatórias. Como seres humanos, temos muitos estereótipos e vieses de tomada de decisão aos quais podemos recorrer.

Se você tem a mente aberta e é extrovertido, por exemplo, é mais provável que contrate o extrovertido de mente aberta do que o introvertido mais conservador (um fenômeno conhecido como princípio da similaridade). Mas, embora os vieses humanos sejam geralmente mais difíceis de detectar e corrigir, eles costumam ser menos sistemáticos do que os vieses algorítmicos.

Pense no exemplo de Kyle. No momento em que uma empresa usou a avaliação da Kronos como parte de sua contratação, ele estava condenado. O perfil de Kyle sempre foi interpretado da mesma forma: forte concordância com as perguntas 1 + 5 = alto neuroticismo = bandeira vermelha. Embora alguns contratantes que o entrevistaram pudessem ter chegado à mesma conclusão, outros poderiam ter demonstrado mais empatia ou usado critérios de seleção totalmente diferentes. O emprego não teria sido garantido, mas poderia ter sido pelo menos uma opção. Um viés em um teste padronizado ou algoritmo preditivo significa *game over*.

É tentador supor que as portas se fecham (em vez de se abrirem) para aqueles que têm a infelicidade de possuir personalidades que consideramos problemáticas. Os altos níveis de neuroticismo de Kyle são um excelente exemplo. A maioria de nós não gosta de admitir que, às vezes, nossas emoções levam a melhor. Será que é tão surpreendente, então, que Kyle tenha tido dificuldades para encontrar um emprego? Por mais reconfortante que essa suposição possa ser, ela não é apenas moralmente, mas também factualmente errada.

Por exemplo, a amabilidade – o traço de personalidade que normalmente é considerado altamente desejável. É bom ser visto como simpático e atencioso, não é? Bem, isso depende do que você está tentando resolver. Como eu disse no capítulo anterior, a amabilidade também é a característica que tem sido associada a níveis mais altos de inadimplência de empréstimos. Se seu banco souber que você é do tipo simpático e atencioso, ele pode pensar duas vezes antes de lhe oferecer um empréstimo. E, mesmo que o faça, sua disposição de alto risco pode fazer com que você obtenha condições muito menos favoráveis do que aquelas que seus colegas mais críticos e competitivos recebem.

Mas conceder a outras pessoas acesso aos seus dados pessoais – e, com eles, à sua psicologia – não determina apenas quais opções estão disponíveis no menu da sua vida. Ela também pode influenciar as opções que você escolhe. E não estamos falando de pouca coisa.

Você toma cerca de 35.000 decisões todos os dias.[5] Essas decisões podem ser tão banais quanto escolher as meias ou o cereal matinal de hoje, ou tão importantes quanto decidir qual carreira seguir ou com quem se casar. Embora todos adoremos a ideia de estar no controle de nossas decisões, poucas das escolhas que fazemos são inteiramente nossas. Somos influenciados pelo que as outras pessoas fazem, pelo contexto em que a decisão é tomada ou por nosso estado mental no momento em que tomamos a decisão.

Pense na última vez que você foi ao supermercado com fome. É bem provável que você não só tenha comprado mais alimentos do que precisava, como também seu carrinho devia ter alguns itens adicionais que eram mais satisfatórios do que saudáveis.

Como mostrei nos dois capítulos anteriores, a capacidade de acessar suas necessidades e motivações psicológicas dá a outras pessoas o poder de interferir em suas decisões e potencialmente alterá-las. Em alguns casos, isso pode ser extremamente útil. Mas em outros, talvez não. E, em muitos casos, você pode nem mesmo estar ciente de que está sendo manipulado.

Você já pensou em comprar um seguro de vida? Como uma empresa de seguro de vida, quero saber se você é um pouco neurótico. Se você for, eu o adicionarei à minha lista restrita e me certificarei de lhe direcionar ofertas repetidamente. É verdade que o seguro de vida pode ser exatamente o que você precisa para ficar tranquilo. Mas, mesmo que seja esse o caso, o simples fato de eu tê-lo escolhido como alvo em potencial e exposto a muito mais anúncios do que seu vizinho emocionalmente estável significa que você não tomou a decisão de comprar um seguro de vida sozinho. Ou talvez eu aproveite sua ansiedade para lhe vender um pouco mais do que você precisa? Destacar todos os riscos terríveis que você poderia estar enfrentando sem o seguro de vida pode ser o suficiente para fazer com que você mexa um pouco mais no seu bolso.

Em contraste com a história de Kyle, não estou criando ou eliminando os caminhos que você poderia ter seguido na vida. Estou simplesmente tornando alguns desses caminhos mais atraentes do que outros. Talvez eu não consiga convencer você a desviar totalmente do caminho da extrema direita para o caminho da extrema esquerda – assim como não acho que a Cambridge Analytica poderia ter convertido facilmente um democrata obstinado em um apoiador de Trump – mas muitos dos caminhos que podemos escolher estão próximos um do outro. Não há necessidade de uma guinada brusca; uma pequena e suave correção de curso é suficiente. Devo comprar Colgate ou Crest? Estudar psicologia ou economia? Viajar para a Itália ou para a Croácia?

Como mostrei no Capítulo 5, os *insights* sobre sua psicologia me dão o manual de instruções de como pintar esses caminhos de forma que você escolha aquele que eu quero que você percorra. Às vezes, isso pode não ser o fim do mundo. Se eu conseguir que você compre pasta de dente Crest em vez de Colgate, quem se importa? Mas e se eu tentar influenciar o parceiro que você escolhe, onde você investe seu dinheiro ou em quem você vota? Ou todas as opções acima? Em que ponto sua vida não pertence mais a você?

Tudo se resume ao seguinte: você não pode assumir o controle de sua vida sem privacidade. Somente quando o acesso aos seus dados pessoais – e, com isso, as inferências que podem ser derivadas deles – é restrito, você realmente tem a opção de escolher o que compartilhar, com quem e para qual finalidade. Você precisa de privacidade para ser o condutor de sua própria vida.

JÁ NÃO VIMOS TUDO ISSO ANTES?

Nossa história está repleta de exemplos de discriminação e manipulação. Embora talvez não tenhamos chamado isso de segmentação psicológica, naturalmente tentamos ler as pessoas que encontramos, aprender sobre elas e usar esse conhecimento para decidir como interagir. Nós nos misturamos com os mocinhos e evitamos os bandidos (a menos que você seja uma adolescente que adora motocicletas, é claro). Recomendamos filmes com base no que acreditamos que nossos amigos vão gostar. E adaptamos intuitivamente nossa fala para atender ao ouvinte.

Você não fala com uma criança de três anos da mesma maneira que fala com sua mãe ou seu chefe. Quando eu era jovem, sabia exatamente como pedir um favor ao meu pai e como persuadir minha mãe a ceder. Essas formas de segmentação psicológica são tão naturais para nós que, normalmente, nem percebemos que as usamos.

O que torna a versão algorítmica da segmentação psicológica tão diferente de suas contrapartes tradicionais é a mera escala em que ela pode ser implantada. Nossas interações face a face podem ser altamente personalizadas, mas também são altamente limitadas em termos de escopo. Na maioria dos casos, a conversa personalizada é um esforço individual. A segmentação psicológica, por outro lado, pode atingir milhões de pessoas de uma só vez.

Ao mesmo tempo, não há mais reciprocidade no processo. Lá na aldeia, meus vizinhos invadiam minha privacidade e eu invadia a deles. Eles influenciavam minhas decisões e eu retribuía o favor. Hoje em dia, é uma via de mão única, com contrapartes anônimas despejando dinheiro para entender e mudar nossa opinião. E nós não temos a menor chance de nos defender de suas ações.

É importante ressaltar que a escalabilidade e a unidirecionalidade da segmentação psicológica por si só não a tornam uma ameaça nova. Qualquer anúncio de rádio ou comercial de TV é algum tipo de manipulação em larga escala, e a Cambridge Analytica ou o governo chinês também não são os primeiros a descobrir como usar novas tecnologias de transmissão para silenciar vozes contrárias e provocar medo entre o público.

No entanto, embora os objetivos da segmentação psicológica e de suas contrapartes tradicionais possam ser semelhantes, há uma grande diferença. A propaganda tradicional de TV ou rádio não apenas segue uma abordagem única, mas também é visível para todos (esse é o objetivo). A segmentação psicológica, por outro lado, acontece totalmente no escuro. Não temos ideia do conteúdo e do marketing que outras pessoas recebem.

Um dos motivos pelos quais demorou tanto tempo para reconhecer a interferência da Cambridge Analytica e de outros agentes na eleição presidencial foi o fato de os anúncios serem direcionados. A propaganda só era visível para aqueles com maior probabilidade de segui-la. E mesmo entre esses alvos, a propaganda vista por uma pessoa em Houston, Texas, pode ter sido totalmente diferente daquela vista por outra pessoa a apenas alguns quarteirões de distância.

É como estar em uma rua escura com Mark Zuckerberg, que sussurra no seu ouvido tudo o que o maior lance pede a ele. Não é exatamente um pensamento agradável!

A versão moderna da segmentação psicológica é tão poderosa (e, portanto, potencialmente perigosa) porque combina dois mundos diferentes. Ela segue a escala da propaganda tradicional, mas tem a granularidade e a profundidade das interações face a face.

Por enquanto, não há como monitorar coletivamente o que está sendo dito e compartilhado, o que torna o controle dessa combinação explosiva uma tarefa hercúlea que ainda não aprendemos a dominar.

...

A tensão entre os lados claro e escuro da segmentação psicológica reflete, de muitas maneiras, a tensão que experimentei ao crescer na aldeia.

Assim como o fato de ser vista e compreendida me permitiu receber a orientação e o apoio de pessoas que queriam que eu tivesse sucesso na vida, a segmentação psicológica pode nos tornar melhores, tanto individual quanto coletivamente. Mas, da mesma forma que meus vizinhos frequentemente interferiam em minha vida de maneiras egoístas que eu não apreciava, a segmentação psicológica também pode ser usada para explorar nossos medos mais profundos e nos deixar dançando como marionetes desmioladas.

Quando era adolescente, não tive escolha a não ser lidar com os altos e baixos da vida no vilarejo. Para mim, isso significava aprender a virar o jogo a meu favor. Encontrei maneiras de incentivar o apoio de meus vizinhos sempre que precisei. E melhorei minha capacidade de me proteger de suas interferências indesejadas.

Precisamos fazer o mesmo com a aldeia digital de hoje. Assim como eu não poderia simplesmente arrumar minhas coisas e ir embora, não podemos voltar no tempo para um lugar onde o big data e tecnologias como a segmentação psicológica não existiam. Não podemos colocar o gênio de volta na garrafa. Mas podemos nos tornar melhores em gerenciá-lo.

É disso que trata a Parte 3 do livro.

PARTE TRÊS

FAZENDO NOSSOS DADOS TRABALHAREM PARA NÓS

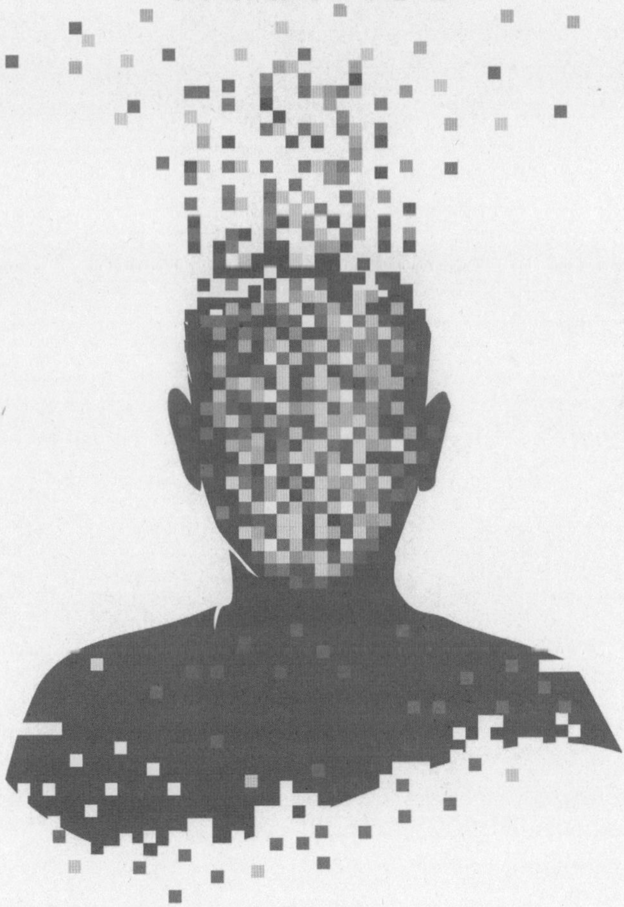

CAPÍTULO 8

Precisamos de mais do que controle

Conheci Tom em fevereiro de 2019, cerca de um ano depois de me mudar de Cambridge para Nova York. Ele havia me enviado um e-mail para discutir uma ideia de negócio relacionada à segmentação psicológica. Eu estaria disposta a lhe ceder uma hora e encontrá-lo para almoçar perto do campus da Columbia?

Solicitações de estranhos como Tom não são incomuns. É comum eu ser contatada por empresas que desejam melhorar a eficácia de suas recomendações de produtos, campanhas de marketing ou comunicação com o cliente. Ou por pessoas que desejam estabelecer seus próprios negócios nesse espaço.

Embora muitas das pessoas que conheço se preocupem genuinamente em melhorar a experiência de seus clientes, não é um segredo que, em última análise, seu objetivo é ganhar dinheiro. Afinal, clientes satisfeitos são clientes fiéis. E clientes fiéis são lucrativos.

Uma rápida pesquisa no LinkedIn confirmou minha suspeita. Tom estava trabalhando em um banco de investimentos. Imediatamente o coloquei na minha caixa mental de "cara de Wall Street" e ajustei minhas expectativas de acordo com isso.

Mas eu estava errada. Enquanto tomávamos café, ele me disse que estava planejando deixar o mundo dos bancos de investimento. E que estava empenhado em usar parte do dinheiro que ganhou para causar um impacto positivo no mundo.

Ele poderia ter feito isso de um milhão de maneiras diferentes. Mas decidiu resolver um problema sobre o qual eu vinha pensando há muito tempo: Como podemos compartilhar parte do valor gerado pelos dados pessoais com as pessoas que os produzem?

Se os dados são o novo petróleo, podemos criar uma economia que beneficie não apenas aqueles que sabem como refiná-los, mas todos?

Apply Magic Sauce

Tom e eu passamos as três horas seguintes fazendo um *brainstorming* sobre como seria um mercado como esse. A ideia em si parecia promissora. Transferir a propriedade dos dados para o indivíduo e facilitar uma troca que crie valor para ambos os lados. Mas logo identificamos uma preocupação comum: como as pessoas saberiam quanto valem seus dados?

Pense nisto: se todos os seus dados pessoais pertencessem a você, quanto eu teria que pagar para ter acesso a todo o seu perfil no Facebook? Seus registros de GPS? O histórico de seus cartões de crédito? Provavelmente, você não tem ideia e provavelmente terá um objetivo muito baixo.

É extremamente difícil entender o valor das pegadas digitais que você gera se pensar nelas isoladamente e não tiver nenhuma percepção de como elas podem ser ou serão usadas. Antes de começar a pesquisar a segmentação psicológica, nunca teria me ocorrido que meu aplicativo bancário poderia usar os registros de localização que ele coleta para prever minha saúde mental e minha personalidade (ou, mais provavelmente, vender esses dados a outra pessoa para fazer isso). Meus dados de localização não me pareciam particularmente valiosos.

Mas e se pudéssemos mostrar às pessoas o valor real e potencial de seus dados, dando a elas acesso aos mesmos *insights* que empresas como Facebook, Google e X/Twitter usam para transformá-las em vacas leiteiras?

No Cambridge Psychometrics Center, tentamos fazer isso criando uma ferramenta de acesso aberto que permitia que as pessoas enviassem seus dados do Facebook, X/Twitter ou LinkedIn e recebessem previsões de suas características psicológicas. Nós o chamamos de Apply Magic Sauce e o colocamos na Internet gratuitamente (ele ainda está lá se você quiser conferir: applymagicsauce.com).

Tom e eu começamos a nos perguntar se poderíamos expandir a ideia. Estávamos intrigados com a questão de saber se a oferta de uma ferramenta de autoavaliação poderia ajudar as pessoas a apreciar o valor de seus dados pessoais. Juntamente com a equipe de Tom e dois de meus colegas, Adrian Ward e Martin Abel, começamos a estudar a questão.

Como acadêmica acostumada a orçamentos de pesquisa limitados, eu provavelmente teria montado um pequeno experimento de laboratório usando o Apply Magic Sauce. Teria convidado alguns alunos da Columbia para o laboratório, mostrado a eles os *insights* que poderíamos obter sobre sua psicologia e feito algumas perguntas sobre quanto eles achavam que seus dados pessoais valiam. Mas Tom tinha planos diferentes. Como ex-operador de Wall Street, ele não estava disposto a pensar pequeno. Ele queria realizar o estudo adequadamente, com pessoas reais e um produto real.

Foi necessário mais de um ano de trabalho intenso para criar um aplicativo capaz de se conectar às contas do Facebook e do Google dos usuários e gerar uma ampla variedade de *insights* que acreditávamos ser do interesse das pessoas. Ele mostrava o perfil sociodemográfico básico – nome, endereço, idade, sexo – e extraía os históricos de pesquisa no Google, curtidas no Facebook e atualizações de status.

Mas o que a equipe de Tom havia criado não era apenas um aplicativo. Era o playground experimental perfeito para testarmos nossas hipóteses. Em vez de ter apenas uma experiência de usuário fixa, o aplicativo nos permitiu comparar o impacto de diferentes tipos de “embalagem”. Como as pessoas reagiriam se mostrássemos apenas os dados brutos, como o Facebook e o Google agora são obrigados a fazer para seus usuários mediante solicitação?

Você vê um pequeno trecho de como isso se parece na Figura 8-1. Não é exatamente fácil de usar, não é mesmo? Na verdade, mostrar seus dados dessa maneira pode fazer com que você os valorize menos, e não mais. Quero dizer, por que alguém pagaria por esse lixo?

Mas e se ajudássemos as pessoas a organizar a bagunça, apresentando as informações de uma forma mais acessível? Uma simples lista de tópicos? Ou talvez um histórico de dados mais elaborado? Afinal de contas, você sabe que as pessoas constroem suas narrativas de vida e identidades na forma de histórias. Talvez as pessoas precisassem ver sua própria história de dados para poderem se relacionar com ela.

Acabamos testando cinco variações diferentes de *insight*, desde os dados brutos da Figura 8-1 até um histórico de dados elaborado. Esse último incluía

```
"first_name" :  "John"
"last_name" :  "Snow"
"full_name" :  "John Snow"
"age" :  "36"
"address" :  "123 Dreamlane"
"hometown" :  "New York, NY"
"zipcode" :  "10001"
"gender" :  "Male"
"recentSearch" :  ["can dogs eat watermelon",
          "how to make nacho salad" ,
          "insomnia treatments",
          "elis winebar uws opening hours"
          "whisky sour ingredients"]
"eventsInterested" : ["michael's bachelor party",
          "burning man",
          "spsp san diego"
```


FIGURA 8-1 Dados brutos do Google e do Facebook.

não apenas as informações que o Facebook e o Google haviam capturado para cada usuário (por exemplo, todas as consultas de pesquisa), mas também os tipos de inferências que poderiam ser feitas com base nesses pontos de dados (por exemplo, pontuações de crédito, ideologia política, emoções) e casos de uso em potencial (por exemplo, publicidade direcionada, preços personalizados de empréstimos).

A decisão final que tivemos de tomar antes de executar o estudo foi como capturar o valor que as pessoas atribuíam aos seus dados pessoais. É fácil dizer que você gostaria de receber pelo menos US$ 50 por seus dados se a pergunta fosse puramente hipotética. Esse é o anjo no seu ombro falando, aquele com boas intenções ("Richard, precisamos proteger nossa privacidade").

Mas e se eu oferecesse a você e a mil outras pessoas dinheiro de verdade pelos seus dados? E se eu dissesse a você que as 50 pessoas que estivessem dispostas a aceitar a menor quantia receberiam o dinheiro extra na hora em troca de seus dados. Se você estiver interessado em ganhar algum dinheiro extra, provavelmente se tornaria um pouco menos ambicioso em suas exigências. No mínimo, você teria que pensar cuidadosamente sobre o valor real dos seus dados para você. É o anjo conversando com o diabo ("Richard, lembre-se de que precisamos proteger nossa privacidade" versus "Esqueça a privacidade, Richard, queremos o dinheiro").

Foi exatamente isso que fizemos no experimento que realizamos. Primeiro, oferecemos às pessoas um acordo para vender seus dados no local por US$ 10. Depois disso, perguntamos a elas qual o menor valor que estariam dispostas a aceitar em lances futuros competitivos que só poderiam acomodar um número limitado de pessoas. Essa configuração nos permitiu avaliar as preferências reais das pessoas. As escolhas que elas fizeram não eram puramente hipotéticas. Havia dinheiro real em jogo.

UM BECO SEM SAÍDA

Depois de meses projetando o experimento e a infraestrutura, estávamos prontos para o lançamento. Recrutamos mais de 1.500 pessoas online e as designamos aleatoriamente para uma das cinco versões diferentes de *insight* que tínhamos (além de um grupo de controle de pessoas que não viram nenhum *insight* antes de serem solicitadas a vender seus dados). Como nos outros grandes estudos de campo que realizei com o Hilton e o varejista de produtos de beleza, eu estava nervosa. Todos havíamos investido uma enorme quantidade de tempo e dinheiro nesse experimento. Eu havia escrito o código para analisar os dados com semanas de antecedência. Eu queria estar pronta e poder ver os resultados imediatamente.

Quando finalmente recebi os dados da equipe do Tom, sentei-me, abri meu código, respirei fundo e apertei "Run". Alguns segundos depois, pude ver os resultados aparecerem na minha tela.

Nada.

Embora 75% dos nossos participantes tenham dito que estavam preocupados ou muito preocupados com a privacidade dos dados, a maioria deles vendeu seus dados mesmo assim (85% em média). Pior ainda, não houve diferenças entre as várias condições de *insight* nas quais trabalhamos tão arduamente. Não importava se alguém via os dados brutos em formato de lixo, os tópicos ou o histórico completo dos dados. Todos tinham a mesma probabilidade de vender seus dados e pediam aproximadamente a mesma quantia de dinheiro em iterações futuras. Além disso, as pessoas que viram seus dados de uma forma ou de outra tinham a mesma probabilidade de vender seus dados do que as pessoas do grupo de controle que foram solicitadas a vender seus dados sem ver nenhum dos *insights*.

Dizer que fiquei decepcionada seria um eufemismo. Um grande eufemismo. É o tipo de resultado que você teme como cientista depois de ter gasto centenas de horas e milhares de dólares em um experimento. Parecia um fracasso total. Informei toda a equipe sobre os resultados e enterrei minha cabeça na areia por alguns dias.

Mas então algo mudou em meu pensamento. Acho que é isso que acontece quando você vê o mundo de uma perspectiva diferente (de cabeça para baixo, envolto em escuridão). O experimento não produziu os resultados que esperávamos. Mas ainda assim nos ensinou uma lição importante (às vezes, nenhum efeito é de fato uma descoberta, mesmo que não gostemos dela).

Puxar a cortina e instruir as pessoas sobre os *insights* que terceiros poderiam obter de seus dados não foi suficiente para mudar seu comportamento. Tínhamos equipado os anjos das pessoas com melhores conhecimentos táticos e armas. Mesmo assim, eles não tinham chance contra a recompensa em dinheiro imediata do diabo.

RUMO A UMA SOLUÇÃO MELHOR

Essa simples percepção acabou sendo uma verdadeira epifania que me fez reconsiderar uma das principais soluções que eu havia defendido anteriormente.

Eu apoiava fortemente as novas regulamentações de proteção de dados, como o Regulamento Geral sobre a Proteção de Dados na Europa ou a Lei de Privacidade ao Consumidor da Califórnia, no Estado da Califórnia. Ambas as regulamentações têm o objetivo de capacitar os consumidores, exigindo altos níveis de transparência e controle.

Capacitar os consumidores tem muito apelo e, em muitos aspectos, parece ser a solução ideal. Não é apenas uma solução moralmente defensável, ela também nos permite aproveitar ao máximo nossos dados pessoais. Cada um de nós tem uma opinião diferente sobre a divulgação de informações pessoais e o quanto valorizamos os serviços que dependem de nossos dados. Talvez você se sinta confortável em compartilhar sua localização GPS para obter atualizações relevantes sobre o clima. Eu talvez não. Em vez de impor regulamentações incapacitantes padronizadas que não atendem ninguém, deixe-nos decidir. No final das contas, os dados são nossos, então por que não deveríamos ser nós a escolher quando e como queremos compartilhá-los?

Não me entenda mal. A transparência e o controle são essenciais para nos ajudar a navegar na tensão entre os possíveis danos e benefícios do compartilhamento de nossos dados pessoais. E eu certamente apoio a intenção por trás dessas novas regulamentações e os valores fundamentais que elas representam. Contudo, como sugeriu nossa experiência fracassada com Tom, a transparência e o controle sozinhos muitas vezes não são suficientes para ajudar as pessoas a tomar as decisões certas.

Quanto mais eu pensava sobre isso, mais desanimada ficava. Percebi que, no atual ecossistema de dados, o controle é muito menos um direito do que uma responsabilidade – uma responsabilidade que a maioria de nós não está preparada para assumir. O que temos é controle sem domínio.

Deixados por nossa própria conta, a maioria de nós falha de forma espetacular quando se trata de tomar decisões informadas sobre privacidade. Nossas boas intenções raramente se traduzem em comportamento – um fenômeno bem estabelecido conhecido como o paradoxo da privacidade. A maioria de nós diz que se preocupa com a privacidade, mas faz pouco para protegê-la (assim como as pessoas em nosso experimento). Você acha que é a exceção? Deixe-me perguntar o seguinte: quando foi a última vez que você atualizou suas configurações de privacidade ou leu cuidadosamente os termos e condições antes de instalar um aplicativo no seu telefone? Sinceramente, eu não me lembro.

Mesmo que conseguíssemos que mais pessoas prestassem atenção às políticas de privacidade, não há garantia de que elas chegariam às conclusões corretas. Em uma pesquisa realizada pelo jurista Chris Hoofnagle, da Universidade da Califórnia, em Berkeley, 62% dos entrevistados acreditavam erroneamente que as empresas que publicavam políticas de privacidade em seus sites indicavam que não poderiam compartilhar seus dados pessoais com terceiros.[1] Infelizmente, muitas vezes não há incentivo para que as empresas mudem nada disso. Quanto menos você se importar e compreender, melhor.

Mas por que temos tanta dificuldade em gerenciar nossos dados pessoais de maneira responsável? De acordo com o psicólogo Azim Shariff, a resposta é bastante simples.[2] Nossos cérebros simplesmente não evoluíram para resolver os quebra-cabeças atuais da privacidade.

A tecnologia move-se na velocidade da luz. A evolução não. Os desafios de privacidade que enfrentamos hoje são uma espécie totalmente nova.[3] Eles têm pouca semelhança com os que minha avó enfrentou há 80 anos, muito menos com os que nossos ancestrais enfrentaram há um ou dois séculos. As novas tecnologias alteraram radicalmente o cenário da privacidade nas últimas décadas. No entanto, as habilidades cognitivas de nosso cérebro são essencialmente as mesmas de dois mil anos atrás.

No capítulo 7, discuti duas falácias comuns. Muitos de nós substituem a questão de saber se nos preocupamos com nossa privacidade pela questão mais fácil – mas diferente – de saber se vale a pena compartilhar nossos dados pessoais (geralmente sem entender os possíveis custos de fazê-lo). E concluímos erroneamente que, só porque achamos que não temos nada a esconder ou com que nos preocupar, isso torna o compartilhamento de nossos dados seguro. Isso pode ser verdade hoje, mas pode não ser amanhã.

Acrescente a isso uma falta geral de alfabetização digital e um monte de incertezas sobre o que as empresas podem estar fazendo com seus dados. Eu trabalho com esses tópicos em tempo integral e ainda acho impossível me manter atualizada. A menos que você seja um nerd da tecnologia ou um ativista da privacidade ainda maior do que eu, o cenário de dados é simplesmente complexo demais para navegar por conta própria. Na maioria dos casos, a coleta de dados é um processo invisível que acontece nos bastidores e que, muitas vezes, por padrão, permanece opaco para aqueles cujos dados estão sendo coletados. As empresas sabem quais dados estão coletando, o que fazem com eles e quanto valem para elas. Mas você não sabe.

Durante milhares de anos, a estratégia mais eficaz para lidar com situações de incerteza foi buscar orientação em outras pessoas. Se muitas outras pessoas seguissem um determinado caminho ou tivessem uma determinada crença, valeria a pena fazer o mesmo. A privacidade não foi exceção.

Enquanto eu crescia em Vögisheim, muitas de minhas primeiras estratégias para decidir o que revelar sobre mim mesma e como proteger minha vida pessoal dos olhos curiosos dos vizinhos foram emprestadas do que observei em meus amigos e pais. A maioria de nós faz o mesmo na aldeia digital de hoje. Não sabemos como lidar com nossos dados pessoais, então recorremos a outras pessoas. Outros que, em muitos casos, são tão ignorantes quanto nós e cujos comportamentos e crenças são tão facilmente influenciados por aqueles que querem que divulguemos nossos dados quanto os nossos.

Imaginemos que nossos cérebros se atualizassem por mágica. Isso seria fantástico, mas ainda não seria suficiente. O gerenciamento de nossos dados pessoais continuaria sendo um trabalho de tempo integral. Você simplesmente não tem tempo para ler cuidadosamente e decifrar o juridiquês de todos os termos e condições que assina. Mesmo a pessoa mais eficiente e diligente tem apenas 24 horas por dia. E (esperamos) coisas melhores para fazer do que examinar os termos e condições de todos os serviços e produtos que você usa. Se você tivesse que escolher entre compartilhar uma refeição com sua família ou excluir o histórico de navegação de todos os seus dispositivos, qual você escolheria?

O ponto principal é que não é razoável esperar que lidemos sozinhos com a responsabilidade que vem com o direito de controlar nossos próprios dados pessoais. Não no atual ecossistema de dados. Há simplesmente muitas forças trabalhando contra nós nesse jogo.

Isso significa que devemos desistir totalmente da transparência e do controle? É claro que não. Ferramentas como a versão original do aplicativo do Tom devem existir para que as pessoas vejam o que seus dados revelam sobre elas.

E você deveria ter o controle. Afinal, os dados são seus. Mas para que possamos exercer o controle sobre os dados com sucesso, precisamos criar sistemas que nos permitam usufruir desse direito.

A TEMPESTADE PERFEITA

Pense desta forma: ser o capitão de um veleiro é fácil e divertido quando você está navegando pela costa do Mediterrâneo em um dia ensolarado. Você pode escolher qualquer cidadezinha para visitar: a que tem a catedral medieval ou a que tem a famosa sorveteria. Não há escolhas erradas. Agora, imagine você navegando no mesmo barco em meio a uma tempestade violenta. Sozinho. Você pode ser jogado em qualquer direção. Há 20 emergências competindo por sua atenção. Pilotar seu barco nessas circunstâncias não parece ser um direito.

No entanto, é exatamente isso que fazemos. Deixamos as pessoas no meio de uma tempestade tecnológica furiosa – sozinhas – e as abençoamos com o direito de controlar seus dados pessoais. Essa simplesmente não pode ser a solução ideal. Precisamos de mais do que transparência e controle.

Precisamos domar o mar com uma regulamentação melhor e equipar nosso barco com uma tripulação competente.

Vou começar com a primeira parte: como podemos domar o mar e criar um ecossistema que permita que os indivíduos escolham entre uma variedade brilhante de resultados desejáveis, em vez de uma mistura escura de resultados indesejáveis?

CAPÍTULO 9

Criando um ecossistema de dados melhor

Projetar um ecossistema que permita que as pessoas tomem decisões mais inteligentes sobre seus dados pessoais é uma tarefa extremamente difícil.

Isso não se deve apenas ao fato de o cenário atual ser complexo, mas também porque ele continua mudando em um ritmo cada vez maior.

Veja o reconhecimento de fala, por exemplo. Durante anos, o progresso na capacidade das máquinas de entender e produzir linguagem falada (e escrita) ficou estagnado. Tecnologias como a Siri ou os chatbots de atendimento ao cliente eram capazes de analisar uma linguagem simples e ter conversas semissignificativas com base em árvores de decisão predefinidas. Mas estavam longe de ter uma conversa natural e fluida. E, como tenho certeza de que você se lembrará com carinho, eles cometiam erros o tempo todo (Não, é M-A-T-Z, não Metz. E não, eu não quero remarcar meu voo. Menu principal. MENU PRINCIPAL. Droga, me coloque no telefone com uma pessoa de verdade, AGORA MESMO!).

Até pouco tempo atrás, qualquer criança de cinco anos poderia facilmente superar até mesmo a mais sofisticada tecnologia de reconhecimento de fala. Mas tudo isso mudou praticamente da noite para o dia no início da década de 2020, quando modelos transformadores chegaram ao mercado (pense: ChatGPT, que foi lançado no final de 2022). Hoje, um algoritmo pode passar em testes que exigem o que os psicólogos chamam de teoria da mente. Ele entende que diferentes protagonistas em uma história podem ter diferentes conhecimentos e diferentes crenças sobre o mundo. E tem conversas que muitas vezes parecem tão naturais e pessoais quanto as que temos com nossos amigos analógicos.

O fato de a tecnologia estar mudando à velocidade da luz significa que qualquer tentativa sustentável de criar um ecossistema mais favorável precisa ser capaz de se adaptar dinamicamente às novas realidades tecnológicas. As soluções que descrevo a seguir são, portanto, baseadas em princípios amplos e não em estratégias de implementação específicas. Elas oferecem um ponto de partida para que os formuladores de políticas e outros agentes benevolentes da área reimaginem a coleta e o uso de dados pessoais. Além disso, elas equipam você com uma lista de coisas a exigir dos líderes empresariais e dos órgãos reguladores.

No nível mais básico, penso nisso como a criação dos canais certos para o comportamento desejado (emprestado da metáfora da "arquitetura" na economia comportamental). Você quer que seja fácil para as pessoas protegerem seus dados pessoais e, com isso, sua privacidade e autodeterminação. E você quer dificultar que empresas e agentes nefastos abusem de seus dados e manipulem você.

Isso pode parecer óbvio. Mas, do nosso ponto de vista como produtores de dados, o cenário atual opera de forma "compre na alta, venda na baixa". É cada vez mais difícil (se não impossível) gerenciar nossos dados pessoais com sabedoria, enquanto continua sendo fácil para as empresas e outros terceiros se aproveitarem de nós. Se quisermos usufruir de nosso direito de controlar nossos dados, precisamos mudar isso.

Veja como isso poderia ser na prática.

ABRINDO OS CANAIS CERTOS

Você se lembra do Tom do capítulo anterior? Depois de nosso experimento fracassado, Tom mudou de abordagem e começou a lidar com o problema de um ângulo diferente. Em vez de tentar educar as pessoas sobre o valor de seus dados pessoais (e ajudá-las a vendê-los por um preço justo), ele criou uma maneira fácil de excluí-los.

Mas espere, isso não é contraproducente para ajudar as pessoas a se beneficiarem de seus próprios dados? A exclusão de um recurso precioso não cria valor. Na verdade, parece que você o destrói. Você está errado. A exclusão de seus dados pessoais só o coloca em desvantagem se você for o único que possui uma cópia. O que não poderia estar mais longe da verdade. Na maioria dos casos, você mesmo não possui uma cópia dos dados. No entanto, há centenas de entidades que negociam seus ativos sem o seu consentimento ou conhecimento (ou seja, as empresas que coletam seus dados ou os corretores de dados de segunda mão).

Quanto menos pessoas tiverem acesso aos seus dados, mais valiosos eles se tornarão. Por exemplo, você terá dificuldade em obter um preço justo pelos seus dados pessoais quando houver 20 outras entidades vendendo-os por uma pechincha. Assumir o controle sobre seus dados significa limitar o acesso a eles.

De acordo com algumas das regulamentações de proteção de dados mais avançadas do mundo – incluindo o Regulamento Geral sobre a Proteção de Dados na Europa ou a Lei de Privacidade do Consumidor da Califórnia –, você tem o direito de solicitar que terceiros façam exatamente isso: excluam seus dados pessoais. Essa é uma ótima ideia, em princípio.

Quando comecei a escrever este capítulo, entrei em contato com 20 de meus amigos na Europa e na Califórnia para perguntar se eles já haviam solicitado a exclusão de seus dados pessoais (e, em caso afirmativo, com que frequência). Você pode adivinhar quantos dos meus amigos fizeram isso (observe que há mais do que apenas um ou dois estudiosos de privacidade entre eles – e muitos deles tiveram que me aturar discursando sobre privacidade de dados há anos). A resposta: zero. Nem uma única pessoa usou o direito de proteger seus dados pessoais contra o comércio.

Não os culpo. Eu também não o fiz (embora saiba muito bem que deveria). Esse é um exemplo clássico do que meu amigo Dan Ariely, economista comportamental, chama de princípio do foguete espacial da mudança de comportamento. Para sermos bem-sucedidos em seguir nossas intenções, precisamos de duas coisas.

A primeira é o impulso. As pessoas precisam estar motivadas e ansiosas para mudar. Foi isso que Tom e eu tentamos fazer quando mostramos aos participantes quão íntimos – e, portanto, valiosos – seus dados realmente eram. Mas, como aprendemos da maneira mais difícil, a motivação por si só não era suficiente.

As pessoas diziam que estavam preocupadas, mas continuaram vendendo seus dados mesmo assim.

É aí que entra o segundo fator. Para lançar um foguete no espaço, você também precisa reduzir o atrito. A tomada de decisões inteligentes sobre seus dados pessoais precisa ser perfeita. Você não pode esperar que as pessoas enviem centenas de solicitações de exclusão de dados por e-mail e (idealmente) acompanhem cada uma delas para verificar a conformidade. Limitar o acesso de terceiros aos nossos dados pessoais precisa ser fácil.

No novo aplicativo de Tom, o mePrism, do qual participo como consultora científica, "fácil" significa poder excluir seus dados pessoais dos servidores de centenas de corretores de dados com apenas alguns cliques (e uma solicitação de exclusão automática caso os dados voltem a aparecer). Um ótimo começo e certamente uma melhoria significativa em relação ao *status quo* atual.

Em um mundo ideal, porém, a facilidade significaria proteger sua privacidade sem que você precisasse fazer nada. É o que os acadêmicos chamam de privacidade por design.

Há várias maneiras de colocar em prática o princípio da privacidade desde a concepção. Selecionei duas abordagens amplas que acredito serem não apenas impactantes e relativamente fáceis de aplicar, mas também capazes de se ajustar dinamicamente às rápidas mudanças no cenário digital.

Primeiro, precisamos projetar sistemas que usem nossas deficiências evolutivas a nosso favor.

Em segundo lugar, precisamos aproveitar as tecnologias que eliminam a troca entre privacidade e autodeterminação *versus* conveniência e serviço.

Transformando sua inércia em um superpoder

Nos Estados Unidos, cerca de 20 pessoas morrem todos os dias à espera de um transplante de órgão. Mais de 100 mil pessoas estão atualmente na lista de espera, esperando desesperadamente receber uma doação para salvar suas vidas.

Uma comparação das taxas de registro de doação de órgãos entre os países oferece *insights* intrigantes sobre como a inércia pode ser transformada de kryptonita em superpoder. Alguns países, como a Alemanha ou os Estados Unidos, exigem que as pessoas se registrem como doadores. Nos Estados Unidos, isso significa preencher um formulário online por cerca de cinco a dez minutos, dirigir-se ao departamento de veículos automotores ou enviar uma carta pelo correio. Outros países, como a Áustria ou o Reino Unido, registram todos os cidadãos por padrão. Você pode retirar seu nome do registro a qualquer momento, mas, a menos que cancele ativamente a inscrição, você faz parte do clube. Quais desses países você acha que têm taxas mais altas de doadores de órgãos? Os países em que as pessoas têm de se registrar (*opt in*) ou os países em que elas são registradas por padrão, mas podem optar por sair (*opt out*)? Sim, são os países que optam pelo *opt out*. É muito mais provável que você permaneça registrado do que se registre.

Mas agora tente ser um pouco mais específico com sua suposição. Qual é o tamanho da diferença entre os países *opt in* e *opt out*? Que porcentagem da população decide ativamente se registrar para se tornar um doador de órgãos nos países opt-in? 70%? 50%? 30%?

Em média, o número é de 15%, o que é bastante decepcionante. Embora mais de 90% apoiem a doação de órgãos em pesquisas nacionais, apenas 15 em cada 100 pessoas decidem tomar as medidas necessárias para se tornar um doador de órgãos em potencial.[1]

E quanto aos países que optam pela exclusão? Que porcentagem da população você acha que decide permanecer registrada como doadora de órgãos em vez de solicitar a saída do sistema? Normalmente, mais de 95%! Para mim, essa diferença é impressionante. É literalmente a diferença entre a vida e a morte. É importante ressaltar que nenhum dos países força seus cidadãos a serem doadores de órgãos. No final das contas, a escolha é deles. Tudo o que eles fazem é mudar o padrão e colher o poder da nossa inércia.

Assim como os registros de doação de órgãos, as políticas de privacidade vêm com um padrão. E esse padrão – surpresa, surpresa – geralmente favorece a autodivulgação. Se você não quiser que as empresas coletem todos os dados pessoais aos quais elas podem ter acesso legalmente, terá que agir e optar por não participar. Isso é como projetar sua nave espacial de privacidade no formato de um guarda-chuva invertido. Mesmo o motor mais potente nunca conseguirá tirar você do chão com tanto atrito.

A solução mais óbvia para esse problema é alterar o padrão. Exigir que as pessoas optem por entrar em vez de sair. Essa mudança não apenas facilita a proteção da privacidade das pessoas, mas também pode afetar indiretamente a motivação das pessoas, aumentando o valor percebido de seus dados. Como? Por meio de outra kryptonita humana que se tornou um superpoder: um viés de tomada de decisão bem estabelecido chamado *efeito de dotação*.

O princípio básico do efeito de dotação é capturado na famosa citação de Aristóteles: "A maioria das coisas é avaliada de forma diferente por aqueles que as possuem e por aqueles que desejam obtê-las: o que nos pertence e o que doamos sempre nos parece muito precioso".[2]

No contexto da privacidade, o efeito de dotação faz com que as pessoas valorizem mais sua privacidade quando já a possuem e enfrentam a possibilidade de perdê-la, em comparação com quando não a possuem, mas têm a oportunidade de obtê-la.

Em um experimento inteligente conduzido pelo economista Alessandro Acquisti, da Carnegie Mellon University, assistentes de pesquisa abordaram compradores desavisados em um shopping center e pediram que participassem de uma breve pesquisa em troca de um cartão-presente.[3] Aí vem a reviravolta experimental: aqueles que concordaram em responder à pesquisa receberam aleatoriamente um de dois cartões-presente. O primeiro cartão-presente, no valor de US$ 10, garantia total anonimato. O segundo, no valor de US$ 12, estava vinculado às informações pessoais dos participantes. Em seguida, foi oferecida a eles a opção de trocar seu cartão pelo outro.

Entre aqueles que receberam originalmente o cartão de menor valor, mas anônimo, cerca de metade dos indivíduos (52,1%) decidiu manter o cartão em vez de mudar para o cartão rastreável e de maior valor. Em contrapartida, apenas um em cada dez indivíduos (9,7%) que receberam originalmente o cartão de valor mais alto decidiu mudar para o cartão anônimo e de valor mais baixo. Essa é uma lacuna enorme. Quando temos privacidade, relutamos em abrir mão dela. Mas quando não temos privacidade, podemos estar dispostos a abrir mão dela.

Mudar o padrão de compartilhamento de dados pessoais é um passo importante na direção certa (especialmente na ausência de melhores alternativas). Mas não é uma solução milagrosa. Há pelo menos dois problemas com o modo como o princípio é implementado atualmente.

Primeiro, a maioria de nós tem pouca ou nenhuma ideia do que estamos aceitando quando marcamos a caixa "Sim, concordo". Muitas vezes, o processo de consentimento informado é mais parecido com a versão de Las Vegas de um casamento do que com qualquer outra coisa. Talvez você não pense nas consequências de sua decisão; ela simplesmente parece uma ótima ideia no momento.

Talvez você tenha aceitado porque estava realmente empolgado com um determinado produto, mas não poderia usá-lo sem concordar com os termos e condições. Ou talvez você simplesmente não quisesse perder tempo pesquisando as letras miúdas antes de acessar o serviço (pense na última vez em que você aceitou todos os cookies em um site apenas para acessar o conteúdo que realmente queria ver).

Assim como em um casamento típico em Las Vegas, assinamos toda a documentação necessária para que nossa decisão seja qualificada como consentimento informado. Mas será que realmente sabemos com o que estamos concordando?

Em segundo lugar, alterar o padrão de *opt out* para *opt in* exige que você abra mão da conveniência e do serviço em prol da privacidade e da autodeterminação. Por exemplo, sem compartilhar seus dados de localização, você não pode usar o Google Maps para navegar de A a B. E sem permitir que a Siri ouça, o reconhecimento de voz fica indisponível.

Não deveríamos ter que considerar o valor de permitir que as empresas usem nossos dados pessoais dessa maneira. Em um mundo ideal, você não deveria ser forçado a essa troca. Em vez de uma escolha do tipo "ou", você deveria ter uma oferta do tipo "ambos". Privacidade *e* serviço. Isso pode parecer uma ótima ideia na teoria e impossível na prática, mas não é.

O caminho tecnológico para você ter tudo isso

No vilarejo, meus vizinhos tinham que observar meu comportamento para serem úteis. E não havia como impedi-los de ter acesso aos detalhes intrincados da minha vida se eu quisesse o apoio deles. E uma vez que eles tivessem sido úteis, eu não poderia simplesmente voltar e pedir que esquecessem o que sabiam. De qualquer modo, duvido que algum deles tivesse demonstrado muito interesse nessa proposta. Eles gostavam das fofocas.

Essa exigência não é mais válida no mundo digital. Agora temos tecnologias que permitem que seus dados permaneçam em um porto seguro e, ao mesmo tempo, gerem os *insights* que você está procurando. É como se o seu vizinho emprestasse a você o cérebro e os recursos dele por um dia para processar todos os seus problemas, sem armazenar nenhum dos dados em si (bem, mais ou menos).

Parece mágica, certo? Definitivamente parecia quando ouvi falar sobre isso pela primeira vez. É uma mágica matemática chamada *aprendizagem federada*.[4]

A verdade é que você não precisa entregar todos os seus dados a terceiros para obter recomendações personalizadas e serviços convenientes feitos sob medida para você. Todos nós carregamos minissupercomputadores em nossos bolsos. Você se lembra da histórica missão *Apollo 11*, que levou o primeiro homem à Lua? Hoje, seu iPhone tem mais de 100.000 vezes mais poder de processamento do que o computador da *Apollo 11*. Ele tem mais de 1 milhão de vezes mais memória e mais de 7 milhões de vezes mais armazenamento.

O aprendizado federado aproveita esse poder de computação para executar algoritmos (e *insights*) localmente. Veja o caso da Netflix. Em vez de enviar seus dados de visualização para um servidor central de sua propriedade, a Netflix poderia enviar seu modelo de recomendação para o seu dispositivo (ou seja, para seu laptop ou smartphone, por exemplo). O modelo se atualizaria com base nos seus dados e recomendaria os melhores programas e filmes para você. Para garantir que todos nos beneficiemos desse aprendizado, seu dispositivo enviaria uma versão criptografada do modelo atualizado de volta à Netflix.

O resultado? Você se beneficia, a Netflix se beneficia e todos os outros usuários se beneficiam. Mas seus dados pessoais nunca deixam o porto seguro. Você não precisa confiar em um terceiro (independentemente de quão confiável ele possa ser) para armazenar seus dados com segurança e usá-los somente para os fins a que se destinam. A aprendizagem federada substitui a necessidade de confiança por um sistema que é inerentemente confiável.

Isso pode parecer ficção científica, mas não é. É provável que você já esteja se beneficiando da tecnologia de aprendizagem federada. A Siri da Apple, por exemplo, é treinada localmente em seu dispositivo. Usando a aprendizagem federada, a Apple pode enviar cópias de seus modelos de reconhecimento de voz para seu iPhone ou iPad, onde ele processará os dados de áudio localmente. Isso significa que nenhuma das suas gravações de voz precisa sair do seu telefone, mas a Siri continua a entender melhor as suas necessidades. Como seu telefone envia de volta o modelo atualizado para a Apple integrar os novos *insights* ao modelo principal, você está ajudando a melhorar a experiência de outros usuários.

Os governos poderiam exigir tecnologias como a aprendizagem federada para empresas que atingiram um determinado número de usuários ou que lidam com dados confidenciais. Contudo, o uso dessas tecnologias também pode ser do interesse das empresas. O acúmulo de grandes quantidades de dados pessoais tornou-se um risco de segurança crescente que pode ser incrivelmente caro. Você não quer ficar com uma pilha de ouro se sabe que há ladrões à sua volta esperando a oportunidade de roubá-la. Você prefere mantê-lo em um lugar seguro. Use-o para fazer seus negócios sem a obrigação de protegê-lo. O mesmo se aplica aos dados pessoais.

É importante ressaltar que a mudança para a privacidade por design também pode melhorar significativamente os produtos e serviços que usamos. Isso pode parecer contraintuitivo. Menos dados devem significar menos qualidade, não é mesmo? Esse é o argumento clássico que você ouve das empresas de tecnologia. Mas privacidade desde a concepção não significa ausência de dados. Significa negociar dados em troca de melhores serviços e produtos. Hoje em dia, grande parte dessa troca se resume a meras palavras. Não há incentivo para as empresas cumprirem suas promessas depois de adquirirem seus dados, deixando você em uma posição ruim na mesa de negociação.

Mas se as empresas dependessem do consentimento ativo de seus clientes para coletar e usar dados pessoais, elas seriam obrigadas a fornecer valor em troca. A fórmula é simples: sem valor, sem dados. Promessas vagas não seriam mais suficientes. Se você não perceber um benefício ao compartilhar seus dados pessoais, simplesmente não os compartilhará e passará a usar outro serviço que faça um trabalho melhor.

Veja o caso do Instagram. Os algoritmos de recomendação do aplicativo prometem fornecer o conteúdo mais relevante e envolvente, explorando os dados pessoais dos usuários. Isso parece útil, mas como posso ter certeza de que isso é realmente verdade? Atualmente, tenho que acreditar na palavra do Instagram. Não há como comparar meu feed personalizado com uma versão mais genérica do aplicativo ou com uma que se baseie apenas em um subconjunto dos meus dados que eu possa me sentir à vontade para compartilhar.

Quando mudamos o padrão para a opção de participação, isso muda. A versão genérica do aplicativo se tornaria minha nova linha de base. Para que eu mude o padrão, o Instagram precisaria me mostrar como o compartilhamento dos meus dados pessoais me proporciona uma experiência muito melhor. Se isso não for feito, eu poderia simplesmente revogar o acesso aos dados e voltar para a versão genérica ou mudar para um concorrente que cumpra suas promessas.

A privacidade por design permite que todos nós peçamos mais.

FECHANDO OS CANAIS ERRADOS

Considerando os benefícios óbvios dos dados pessoais para a economia global, não é de surpreender que eles sejam frequentemente comparados a recursos valiosos, como petróleo ou ouro, uma analogia que torna a coleta e o processamento desses dados um empreendimento atraente. Se você encontrasse um campo de petróleo ou uma mina de ouro no seu quintal, não começaria a minerar?

Em um artigo de 2008 do *Guardian*, o jornalista Cory Doctorow ofereceu uma analogia diferente, comparando dados pessoais a lixo nuclear. Ele escreveu: “Devemos tratar os dados eletrônicos pessoais com o mesmo cuidado e respeito que o plutônio para armas – eles são perigosos, duradouros e, uma vez vazados, não há como recuperá-los.”[5] Doctorow está certo. Na pior das hipóteses, os dados pessoais – assim como o material radioativo – podem ser mortais. Literalmente.

Em 19 de julho de 2020, a juíza distrital dos EUA Esther Salas e seu marido Mark comemoraram o vigésimo aniversário de seu filho Daniel em sua casa em Nova Jersey. A comemoração se transformou em tragédia quando um homem, fingindo ser um entregador da FedEx, entrou em sua casa e abriu fogo. O filho de Salas, Daniel, morreu no local. Seu marido, Mark, ficou gravemente ferido. O assassino, o ex-advogado Roy Den Hollander, havia coletado informações pessoais sobre o juiz online e montado o que Salas chamou de “um dossiê completo sobre mim e minha família”. [6] Mas a analogia de Doctorow vai além de enfatizar os possíveis danos associados à coleta e ao uso de dados pessoais. Embora o material radioativo possa causar uma destruição sem precedentes quando transformado em arma, ele também continua sendo uma das fontes de energia mais limpas, baratas e confiáveis. O plutônio não se importa com o que fazemos com ele, assim como os dados pessoais não se importam se são usados para prejudicar ou ajudar as pessoas.

Essa decisão cabe a nós.

Com a energia nuclear, o mundo concordou coletivamente que os riscos são altos demais para que essas decisões sejam tomadas sem regulamentações rigorosas. Em vez de permitir o uso irrestrito ou proibi-lo totalmente, decidimos regulamentar e controlar fortemente a aquisição, a posse e o uso de materiais radioativos, tanto nacional quanto internacionalmente. Você não pode simplesmente entrar no Walmart e pedir meio quilo de plutônio ou urânio.

Precisamos colocar salvaguardas semelhantes em prática quando se trata de dados pessoais e direcionamento psicológico.

A tragédia da juíza Salas e de sua família levou o presidente Joe Biden a aprovar a Lei de Segurança e Privacidade Judicial Daniel Anderl em dezembro de 2022.[7] A legislação estabelece que "será ilegal para um corretor de dados vender, licenciar, negociar com contrapartida ou comprar conscientemente informações protegidas de um indivíduo quando ele ou sua família imediata estão em risco". O fato de os formuladores de políticas reconhecerem os possíveis perigos dos dados pessoais me deixa otimista em relação ao futuro. É um primeiro passo para reescrever a narrativa dos dados.

Ao mesmo tempo, porém, a nova lei levanta uma questão importante: Se acreditamos que é necessário proteger os juízes dos possíveis danos causados por dados pessoais, por que o mesmo princípio não se aplica ao restante de nós? Talvez nem todos sejamos alvos em potencial de crimes de ódio, mas todos somos vulneráveis aos perigos apresentados pelos dados pessoais.

Como podemos criar um sistema com proteções coletivas que – como as introduzidas em resposta à descoberta da energia nuclear – transformem o uso de dados pessoais em uma força para o bem e não para o mal?

Primeiro, precisamos impor um custo à coleta e ao uso de dados pessoais e impedir que uma entidade colete muito material radioativo para intencionalmente (ou não) elevar seu arsenal ao grau de armamento.

As empresas também devem escolher

Embora navegar no cenário digital signifique pesar os custos e os benefícios do compartilhamento de dados pessoais para os usuários, o cenário é diferente para as empresas. Há muitas vantagens em coletar dados pessoais. Eles podem ser usados para entender melhor as necessidades dos clientes, criar produtos melhores ou vender com lucro para terceiros. Os incentivos são claros: os dados são um recurso que possui um enorme valor econômico.

No entanto, há muito pouca desvantagem para as próprias empresas. Na aldeia, havia um custo implícito associado à coleta de informações sobre os vizinhos. Eu tinha que pagar uma cerveja ao meu amigo para ouvir as últimas fofocas. Ou eu tinha que fazer a troca recíproca: se meu amigo compartilhasse alguma fofoca, eu compartilharia a minha. Com a mudança para trocas anônimas online, esse não é mais o caso. É fácil configurar redes de arrasto de dados. O armazenamento é barato.

Com muitas vantagens e praticamente nenhuma desvantagem (além dos riscos de segurança normalmente negligenciados), por que as empresas não coletariam nossos dados pessoais? De uma perspectiva puramente econômica, parece insensato não fazer isso. É como ignorar uma pilha de dinheiro na sua frente e dizer: “Não, obrigado”.

Precisamos mudar a estrutura de incentivos imediatos das empresas de forma a introduzir compensações. As empresas devem pagar um preço pela coleta de dados pessoais, assim como você e eu pagamos um preço por compartilhá-los.

Uma possível abordagem é tributar as empresas pela coleta de dados pessoais, forçando-as a reconsiderar se realmente precisam deles. Vejamos os corretores de dados, por exemplo. Essas são empresas que se beneficiam de seus dados pessoais sem dar nada em troca a você – o tipo de empresa visado pela Lei de Segurança e Privacidade Judicial Daniel Anderl. Elas coletam o máximo possível de seus dados pessoais e os vendem com lucro para outras empresas. São como a senhora idosa do vilarejo que se torna o centro das fofocas. Ela não tem interesse em usar os boatos em benefício ou desvantagem para você. Mas ela permite que quem quiser o faça. O mesmo acontece com os corretores de dados. Eles podem não interferir diretamente em sua vida, mas ficam muito felizes em ajudar outras pessoas a fazer isso.

Imagine um pequeno imposto de 2% sobre esse setor, que gerou cerca de US$ 250 bilhões, o equivalente à receita de todas as companhias aéreas dos EUA ou ao PIB de Bangladesh. A imposição de um custo sobre os corretores de dados não apenas criaria um desestímulo financeiro, mas também geraria uma receita adicional de US$ 5 bilhões para o contribuinte da noite para o dia. Esse dinheiro poderia ser usado para reduzir impostos em outros lugares ou dedicado ao desenvolvimento de tecnologias de preservação da privacidade.

Impedir que as empresas coletem todas as peças do nosso quebra-cabeça de dados

Mostrei a você como diferentes tipos de pegadas digitais podem ser usados para fazer previsões sobre suas características mais íntimas. Cada um desses rastros fornece uma parte do quebra-cabeça.

Suas curtidas no Facebook oferecem *insights* sobre como você deseja se apresentar aos outros. Suas pesquisas no Google fornecem um vislumbre das perguntas mais importantes que você tem em mente no momento. E seus dados de localização me ajudam a entender melhor suas rotinas diárias. Como uma peça de quebra-cabeça, cada ponto de dados captura parte de você, mas é incompleto por si só.

Quanto mais pontos de dados as empresas puderem acessar e combinar, mais clara será a imagem de quem você é e do que deseja. É a isso que Roger McNamee, um dos primeiros investidores do Facebook (e agora um ávido crítico da empresa), se refere como "a sétima lei de McNamee": os conjuntos de dados se tornam geometricamente mais valiosos quando você os combina.[8]

Assim como o perigo do material radioativo aumenta com a massa, o mesmo acontece com o perigo dos dados pessoais. Embora o fato de um aplicativo de previsão do tempo aleatório acessar meus registros de GPS seja preocupante, isso não é nada em comparação com o fato de grandes empresas de tecnologia terem acesso a quase todas as partes do meu quebra-cabeça de dados.

Pense em quantos aspectos diferentes de sua vida os produtos do Google abordam. Há o YouTube, o Gmail, a pesquisa do Google, o Maps, o Chrome, o Drive, o Calendário, o Fit, o Play e assim por diante. Como o Google aparentemente tem um produto para cada letra do alfabeto, ele está coletando a maioria das peças do nosso quebra-cabeça. E os dados que não são coletados por ele mesmo, ele compra.

Mas o que torna os gigantes da tecnologia tão perigosos não é apenas a quantidade e a granularidade dos dados que eles acumulam, mas seu alcance. Como diz o ditado: "Você pode enganar algumas pessoas o tempo todo, e todas as pessoas algumas vezes, mas não pode enganar todas as pessoas o tempo todo". Se o Google tentasse, ele poderia enganar (quase) todas as pessoas o tempo todo. Essa é uma aposta perigosa.

Como podemos evitar que uma única empresa colete todas as peças do seu quebra-cabeça digital? O ponto de partida mais óbvio é dividir os gigantes da tecnologia em corporações separadas que não podem compartilhar a mesma base de usuários, dados ou recursos (por exemplo, Gmail, Maps, DoubleClick e YouTube). Isso poderia ser feito com a ajuda das leis antitruste. Não sou a primeira a sugerir essa medida radical. Na última década, a economia digital transformou-se em uma arena onde o vencedor leva tudo, com um pequeno número de empresas controlando grande parte do mercado. Elas controlam a atenção dos clientes, recrutam os talentos mais brilhantes e têm uma enorme influência sobre os legisladores em Washington. Não é preciso muita imaginação para ver como o mero tamanho, o poder e a conduta praticamente não regulamentada dos gigantes da tecnologia – Facebook, Alphabet, Amazon, Apple e Microsoft – os torna os principais combatentes das regulamentações antitruste.

Embora as leis antitruste tenham sido projetadas para criar e manter uma concorrência saudável, elas também podem ajudar a resolver problemas de privacidade para os quais não foram originalmente projetadas. A separação dos conglomerados de tecnologia não só impediria que as empresas obtivessem acesso a todo o quebra-cabeça da sua psicologia, mas também reduziria os riscos associados a violações de dados. No momento, uma invasão dos bancos de dados do Google pode expor não apenas seus e-mails, mas também suas pesquisas, suas listas de reprodução do YouTube e seus dados de localização.

Pense nele como um cofre central no qual você armazena todas as economias de sua vida. Mesmo com proteção de última geração, sempre há o risco de alguém abrir o cofre. Agora imagine que você tenha vários cofres, com várias senhas em vários locais, todos independentes uns dos outros. Se um ladrão conseguisse acessar um deles, seu saque seria limitado ao que estivesse armazenado naquele cofre específico naquele momento.

O principal argumento contra a quebra dos monopólios de tecnologia é que isso sufocaria a inovação e destruiria o valor que essas empresas criam para seus usuários, acionistas e para o ecossistema de tecnologia em geral. É difícil discernir se essa preocupação é genuína ou apenas uma desculpa conveniente para aqueles que se beneficiam da manutenção do atual *status quo*. Como diz o ditado: “Prever é muito difícil, especialmente quando se trata do futuro”. Não podemos prever o futuro, mas podemos aprender com o passado.

Em 1982, o governo decidiu desmembrar a Bell Systems. Em 1984, foi a vez da AT&T. Em ambas as ocasiões, aqueles que se opunham ao desmembramento levantaram preocupações semelhantes às que você ouve hoje no contexto dos gigantes da tecnologia. No entanto, em ambas as ocasiões, a decisão de invocar as leis antitruste gerou vencedores. Ela beneficiou os consumidores e a economia em geral, acelerando a inovação e criando um ecossistema próspero e expandido (agora o Vale do Silício). Ao mesmo tempo, também gerou um enorme valor para os acionistas da Bell Systems e da AT&T.

Não podemos ter certeza de que os mesmos resultados se aplicariam aos gigantes da tecnologia de hoje, é claro. Mas, como as principais vozes que defendem a regulamentação antitruste – como Scott Galloway ou Tim Wu – argumentaram de forma convincente, é bem possível que isso aconteça. A Amazon Web Services, por exemplo, poderia se tornar uma das maiores histórias de sucesso da história se fosse separada do negócio de varejo da Amazon, e o Instagram provavelmente continuaria a gerar altas receitas mesmo que não fizesse mais parte da Meta.

PODEMOS (E PRECISAMOS) FAZER MAIS

Redesenhar o cenário atual de dados de acordo com os princípios que descrevi pode ter um impacto tremendo na forma como interagimos com nossos dados pessoais e nos beneficiamos deles. Isso nos ajudaria a estabelecer regras básicas que reequilibrariam o campo de jogo altamente distorcido com o qual temos lutado há muito tempo.

No entanto, por mais que eu apoie mudanças sistêmicas por meio de regulamentação e novas formas de gerenciamento de dados, acredito que é preciso mais.

Domar o mar leva tempo. Novas políticas de dados, por exemplo, podem criar novas estruturas de incentivo para as empresas, mas também são extremamente lentas de aprovar e difíceis de aplicar. E mesmo que consigamos acalmar as águas por algum tempo, não sabemos quando surgirá a próxima tempestade. Amanhã, uma nova tecnologia pode chegar ao mercado e mudar tudo.

Mas não é só isso. As mudanças sistêmicas exigidas por meio de regulamentações geralmente se concentram no gerenciamento de riscos para o coletivo. A introdução de um novo imposto sobre dados ou a aplicação de políticas de exclusão provavelmente nos protegerá dos danos mais graves, mas nenhuma dessas duas abordagens necessariamente ajuda você e eu individualmente quando se trata de maximizar o valor que cada um de nós pode extrair de nossos dados pessoais. Podemos ter preferências e objetivos muito diferentes, e cada um de nós pode querer aproveitar nossos dados de maneiras totalmente diferentes.

O que precisamos é substituir as abordagens sistêmicas por um sistema que ofereça suporte imediato e flexível. Em outras palavras, precisamos de uma equipe competente e confiável. Uma tripulação que trabalhe em conjunto como uma máquina bem lubrificada. Uma tripulação que tenha o mesmo destino em mente, que se preocupe profundamente com o bem-estar de todos os passageiros e que possa navegar o barco com segurança (mesmo quando o mar estiver agitado). É disso que trata o capítulo final do livro.

CAPÍTULO 10

Juntos

Vamos revisitar Vögisheim, o pitoresco vilarejo no canto sudoeste da Alemanha onde nossa jornada (e minha vida) começou. Muitos habitantes locais e visitantes a chamam de Toscana da Alemanha. Meus amigos italianos talvez considerem isso um insulto, mas a região tem alguma semelhança com o local de nascimento do Renascimento italiano. Colinas onduladas e vinhedos até onde a vista alcança. Fileiras e mais fileiras de videiras dividindo as colinas em parcelas simétricas. Os vinhos da região não são tão conhecidos como o Chianti ou o Sangiovese, mas se você for um conhecedor de vinhos, talvez reconheça nosso Gutedel ou Spätburgunder.

Quando eu era menina, meus pais ainda tinham vinhedos, embora a família da minha avó tivesse abandonado a agricultura no final da década de 1950. Todo outono, em meados de setembro, fazíamos a colheita.

A época da colheita era divertida (pelo menos para nós crianças). Armados com grandes funis de uva (grandes mochilas usadas para carregar as uvas) e uma tesoura de jardinagem afiada, subíamos e descíamos as fileiras de videiras, cortando e jogando as uvas por cima dos ombros no funil. Depois de cheios, nós os esvaziávamos em um reboque atrelado a um trator.

Quando éramos crianças, provavelmente fazíamos isso por cinco minutos para nos sentirmos importantes antes de sairmos correndo para brincar no campo, observando os adultos trabalharem. No almoço, todos se sentavam juntos e comiam pão caseiro, queijo e frios. Devo dizer que toda essa experiência se tornou muito menos romântica quando nos tornamos adolescentes e esperavam que fizéssemos nossa parte.

Sempre que volto para casa, faço uma caminhada pelos vinhedos, não importa o clima. Certa vez, trouxe um amigo japonês que estava em visita. Caminhamos pelos vinhedos de minha família e contei a ele sobre as aventuras de minha infância. Ele queria experimentar nosso vinho. Imagino que você também queira.

Eu tive que rir um pouco. Nossos vinhedos são muito pequenos para produzir nosso próprio vinho. Não tínhamos o equipamento nem o conhecimento para isso. Mas, olhando para trás, sua pergunta era boa. Ele queria saber: "O que acontece com as uvas?"

Vender as uvas para uma das grandes vinícolas da região poderia ter sido uma possibilidade. Mas nunca colhemos o suficiente para que isso fosse uma opção real. Mesmo se tivéssemos colhido, qualquer acordo teria favorecido muito a vinícola. Portanto, em vez de simplesmente desperdiçar as uvas, a maioria das famílias de Vögisheim e dos vilarejos vizinhos fazia parte de uma *Winzer-genossenschaft*. Sim, uma verdadeira beleza de palavra alemã. A tradução em inglês é winemakers' co-op.

Depois de colher as uvas, nós as deixávamos na cooperativa. A cooperativa as transformava em vinho ou as vendia para as vinícolas. Trabalhar com essas cooperativas tinha várias vantagens. Primeiro, a combinação das uvas aumentou o valor de cada colheita individual. Em segundo lugar, a cooperativa trouxe conhecimento especializado, tanto porque muitos dos membros eram produtores de vinho quanto porque podíamos reunir nossos recursos. Os rendimentos das vendas de vinho e uvas permitiram que a cooperativa comprasse equipamentos avançados, contratasse enólogos especializados para melhorar a qualidade do vinho e contratasse profissionais de marketing para vendê-lo. Mais do que qualquer um de nós poderia ter feito sozinho. Juntar nossas uvas fez com que todos nós melhorássemos.

O mesmo acontece com seus dados pessoais. Seus dados individuais não têm muito valor. Eles só se tornam valiosos quando combinados com os dados de outras pessoas. Pense na pesquisa médica. Seu registro médico sozinho não nos dirá nada sobre os fatores de risco associados a uma determinada doença. Só poderemos começar a explorar esses fatores quando tivermos um grupo suficientemente grande de portadores (e não portadores).

O mesmo se aplica aos seus dados do Facebook e do Google. As duas empresas só se preocupam com seus dados porque podem conectá-los e compará-los com os dados de milhões de pessoas. É isso que lhes permite extrair os *insights* pelos quais terceiros estão dispostos a pagar.

Mas não é apenas o valor dos seus dados que aumenta quando você os reúne com outros. Assim como minha família não tinha o conhecimento necessário para transformar nossas uvas em vinho, a maioria de nós não tem o conhecimento necessário para tomar boas decisões em relação aos nossos dados (consulte o Capítulo 8). Deixados por nossa própria conta, simplesmente não temos a menor chance. Não temos nem o conhecimento nem o tempo. Meus pais poderiam ter descoberto como fazer vinho? Provavelmente, mesmo que não fosse muito bom. Mas eles estavam dispostos a dedicar toda a vida a isso? Claro que não.

Assim como as pessoas da minha aldeia se reuniram para colher os frutos de seu trabalho, precisamos nos reunir em pequenas comunidades de pessoas com a mesma mentalidade para gerenciar coletivamente nossos dados e nos beneficiarmos deles. Assim como as cooperativas de vinho, as cooperativas de dados são organizações de propriedade de membros que reúnem e gerenciam os dados pessoais de seus membros para beneficiar o coletivo. Entretanto, diferentemente das cooperativas de vinho, as cooperativas de dados não exigem que as pessoas estejam no mesmo lugar, embora isso seja possível. Em vez disso, os membros podem estar conectados por um objetivo comum e uma estratégia compartilhada para alavancar seus dados para atingir esse objetivo.

ALDEIAS DE DADOS DIGITAIS

Vou lhe dar um exemplo de como uma cooperativa de dados poderia funcionar.

Quando comecei a escrever este livro, fiquei grávida. Uma experiência linda, mas também aterrorizante. Você recebe conselhos de todas as direções. Faça isso. Faça aquilo. A maioria dos conselhos, em algum momento, contradiz os conselhos anteriores que você recebeu. Comer sushi pode colocar o bebê em risco. Não, isso não é verdade. O que você deve observar é a cafeína. Você tem acesso a check-ins médicos a cada duas ou quatro semanas. Mas o que você realmente quer é uma atualização minuto a minuto sobre como as coisas estão indo e a garantia de que tudo está bem. Toda essa incerteza me deixava louca.

Agora, imagine gestantes de todo o mundo compartilhando seus dados genéticos e biométricos, juntamente com informações sobre sua própria saúde e a saúde do bebê. Você poderia parar com o jogo de adivinhação e, em vez disso, basear suas decisões em dados reais. Para começar, você poderia criar modelos preditivos avançados para identificar fatores de risco gerais. Alguns deles podem já ser conhecidos, mas outros podem ser novos.

Além disso, os membros da cooperativa poderiam receber previsões personalizadas e dinâmicas de seus próprios fatores de risco e do status atual da gravidez. Ou conselhos personalizados sobre como lidar com o enjoo matinal (um termo muito enganoso para um sofrimento de dia inteiro) ou a fadiga constante.

Ao explorar diferentes fontes de dados, o modelo poderia formar uma impressão holística das circunstâncias da mãe. Quem é ela (por exemplo, idade, etnia, registros históricos de saúde, níveis de atividade física)? Como é seu contexto social (por exemplo, ela é mãe solteira? Ela tem muito apoio de outros membros da família?) E qual é o possível impacto de seu ambiente (por exemplo, ela mora em uma área urbana com altos níveis de poluição do ar)? Combinando todos esses fatores, há algo com que nossa futura mãe deva se preocupar? E, em caso afirmativo, o que ela deve fazer? Eu teria me inscrito para essa cooperativa de dados em um piscar de olhos.

Você poderia pensar em muitos, muitos outros exemplos. Eu relacionei aqui apenas alguns:

- Pacientes com doenças raras que compartilham suas informações genéticas, histórico médico e dados biométricos para melhorar nossa compreensão da doença e desenvolver opções de tratamento.
- Atletas profissionais ou semiprofissionais que tentam otimizar seu desempenho com base em feedback biométrico.
- Mulheres de minorias sub-representadas reunindo seus dados genéticos para entender melhor a eficácia de medicamentos que foram testados predominantemente em homens brancos.
- Professores reunindo seus dados de sala de aula e o desempenho dos alunos para identificar estratégias bem-sucedidas para o envolvimento em sala de aula.

O que é comum a todos esses exemplos é que os indivíduos envolvidos compartilham voluntariamente uma seleção de seus dados pessoais com a cooperativa para ajudar toda a cooperativa a se beneficiar das percepções do grupo. Ter acesso aos meus próprios dados genéticos é inútil se eu estiver tentando descobrir como melhorar minha experiência de gravidez ou a saúde de meu futuro filho. Mas eles podem ser extremamente valiosos quando combinados com os dados genéticos de outras gestantes.

As cooperativas de dados viram o modelo de dados existente de cabeça para baixo. Em vez de algumas empresas controlarem e lucrarem com seus dados, você decide com quem compartilhar seus dados e se beneficia com isso. Isso funciona porque as cooperativas de dados (e os fundos fiduciários de dados) são de propriedade de seus membros e têm responsabilidades fiduciárias. Elas são legalmente obrigadas a agir de acordo com os melhores interesses de seus membros. E como as cooperativas são efetivamente governadas por seus membros, qualquer pessoa que se junte à equipe obtém controle parcial sobre como a cooperativa é administrada. O sistema funciona com base em direitos coletivos e responsabilidade, em vez de exploração e dissimulação.

Essa mudança no modelo de propriedade e incentivo torna as cooperativas defensoras ideais para as tecnologias de preservação da privacidade que apresentei no capítulo anterior. A aprendizagem federada não foi desenvolvida especificamente para cooperativas de dados, mas essas organizações poderiam estar entre as primeiras a adotá-la, pois têm um forte incentivo para usar essa tecnologia. Isso é diferente do Facebook, que lucra com o acesso ao maior número possível de dados de usuários. Esse é o seu modelo de negócios. As cooperativas de dados são exatamente o oposto. Elas agem em nome de seus membros e são avaliadas pelo sucesso que têm em ampliar os benefícios e mitigar os riscos.

Os objetivos específicos de uma determinada cooperativa de dados podem variar. Por exemplo, algumas cooperativas podem se concentrar em ajudar as pessoas a monetizar seus dados. Da mesma maneira que nossa cooperativa de vinhos aumentou o retorno de nossas uvas, as cooperativas de dados aumentam seu poder de barganha. Com 20 milhões de aliados, as grandes empresas de repente terão que levar você a sério.

No entanto, a monetização de dados é apenas um dos muitos objetivos potenciais das operações conjuntas de dados e talvez o menos atraente. Os dados oferecem percepções que podem melhorar nossas vidas e as de outras pessoas. Eu não venderia meus registros médicos para ter mais dinheiro em minha conta bancária (tendo plena consciência de que essa é uma posição privilegiada). Mas eu os daria de bom grado a uma organização de confiança focada em melhorar a saúde e o bem-estar de gestantes e seus bebês. De graça.

Vamos dar uma olhada em alguns exemplos de como as cooperativas de dados podem ser na prática. Embora o conceito ainda seja relativamente novo, já existem várias histórias de sucesso.

Há a Driver's Seat Cooperative, um aplicativo de carona que permite que os motoristas compartilhem os dados de suas rotas entre si e se beneficiem dos *insights* coletivos que esses dados podem gerar. Qual é a rota mais rápida para essa entrega? Qual é o melhor local para pegar clientes às 2h da manhã? Há também a cooperativa Swash, que paga seus membros pela navegação na internet, agregando e vendendo atividades na Web de uma forma que preserva a privacidade (com controle total de cada membro sobre os dados coletados).

E há também a minha favorita: a cooperativa de dados suíça MIDATA.

MUDANDO O CENÁRIO SUÍÇO DE CUIDADOS COM A SAÚDE

A MIDATA foi criada como uma organização sem fins lucrativos em 2015 por um grupo de cientistas da ETH Zürich e da Universidade de Ciências Aplicadas de Berna (ou seja, meus vizinhos de vila). A cooperativa atua como fiduciária de seus membros, que podem contribuir para pesquisas médicas e estudos clínicos concedendo acesso a seus dados pessoais de saúde caso a caso. Pense nisso como uma conta bancária para a saúde.

Qualquer pessoa pode abrir uma conta e depositar cópias de seus registros médicos ou qualquer tipo de dado de saúde que seja valioso nesse contexto (por exemplo, dados de detecção de smartphones). A MIDATA garante que seus dados sejam armazenados com segurança em seu cofre coletivo e lhe dá controle total sobre seu uso; você decide a quem conceder acesso, a que tipo específico de dados e para que fins. E você pode retirar seus dados pessoais a qualquer momento.

Mas, diferentemente de uma conta bancária comum, a MIDATA não está interessada em gerar lucros (nenhuma taxa abusiva). Seu único objetivo é maximizar o valor para você e seus outros membros. Qualquer lucro líquido gerado pelo uso de seus dados é reinvestido para melhorar os serviços da plataforma (ou seja, avanços na proteção de dados e desenvolvimentos tecnológicos). Da mesma forma, como membro da MIDATA, você não é apenas um cliente do banco. Você é o dono do banco. Literalmente. O controle na MIDATA não significa apenas controle sobre seus dados pessoais. Significa também que você tem voz direta na governança da cooperativa por meio de uma assembleia geral (isso é tão suíço!).

O valor que a MIDATA gera para seus membros assume diferentes formas. Você pode compartilhar o acesso aos seus dados com terceiros para melhorar sua própria saúde. Por exemplo, há aplicativos personalizados para ajudar os membros a superar o vício ou combater a obesidade. Mas você também pode compartilhar seus dados para apoiar descobertas científicas, por exemplo, para ajudar os pesquisadores a entender melhor alergias, sensibilidades alimentares ou doenças raras. Em muitos casos, o mesmo aplicativo faz as duas coisas. Veja o caso do *MiTrendS*, um aplicativo que impulsiona a exploração científica e o tratamento personalizado da esclerose múltipla (EM). A esclerose múltipla é uma doença autoimune crônica que afeta o sistema nervoso central e não pode ser curada (ainda). Ao corroer a camada protetora de fibras nervosas no cérebro, na medula espinhal e nos nervos ópticos, a EM afeta significativamente a qualidade de vida dos pacientes. Eles podem ter dificuldade para enxergar, fadiga, dificuldade para se concentrar e se lembrar de coisas, além de problemas de equilíbrio e tremores. Uma combinação viciosa de sintomas que, muitas vezes, dificulta – se não impossibilita – aos pacientes de EM seguir com suas vidas e envolverem-se plenamente na vida social.

Embora a esclerose múltipla afete mais de 2,5 milhões de pessoas em todo o mundo, a doença continua sendo difícil de diagnosticar e ainda mais difícil de tratar. Tudo o que sabemos é que a EM é causada por uma combinação complexa de fatores infecciosos, genéticos e ambientais. Como cada paciente tem seu próprio conjunto exclusivo de sintomas e fatores que contribuem para o surto, a compreensão da doença e o desenvolvimento de tratamentos direcionados exigem grandes quantidades de dados. Não apenas dados de muitos pacientes, mas também dados de muitas fontes diferentes: dados genéticos, histórico médico, exposição a fatores de risco ambientais, medicamentos, progressão dos sintomas ao longo do tempo e muito mais.

O *MiTrendS* permite que pacientes e médicos façam exatamente isso. O aplicativo permite que os usuários acompanhem seus sintomas ao longo do tempo no conforto de suas casas. Por exemplo, o aplicativo pode pedir que você siga uma linha em seu tablet com o dedo o mais rápido e exatamente possível para testar suas habilidades motoras finas. Ou que você combine números com formas para avaliar sua atenção e concentração. Ao combinar essas avaliações de sintomas com os registros existentes do paciente (ou seja, registros médicos, informações sobre medicamentos, exames cerebrais, análises de sangue e outros), o *MiTrendS* pode desenvolver tratamentos personalizados e planos de cuidados para cada paciente, uma abordagem revolucionária que pode mudar a maneira como a EM é diagnosticada e tratada.

É claro que as grandes empresas farmacêuticas podem, ocasionalmente, investir em grandes esforços de coleta de dados ou comprar dados de pacientes de hospitais para estudar a doença. Os medicamentos para EM são caros e você pode fazer dinheiro. Para as empresas farmacêuticas, é claro. Não para os pacientes cujos dados são usados. Na melhor das hipóteses, esses pacientes acabarão pagando pelo medicamento. Na pior das hipóteses, eles nunca colherão nenhum benefício.

O aplicativo *MiTrendS* vira esse modelo de cabeça para baixo. Ao compartilhar seus dados, os pacientes ajudam a desenvolver melhores tratamentos para o futuro. Mas eles também se beneficiam diretamente de um tratamento mais personalizado e direcionado aqui e agora.

Depois que os dados de um paciente são armazenados com segurança e combinados nos servidores da MIDATA, um algoritmo de aprendizado de máquina desenvolvido por pesquisadores da ETH Zürich cria um plano de tratamento ideal e personalizado para ele. O algoritmo não apenas considera as circunstâncias exclusivas do paciente, mas também aproveita os *insights* obtidos de todos os outros pacientes com esclerose múltipla na plataforma (com seu consentimento explícito).

Depois que o algoritmo emite uma recomendação, ela é repassada aos especialistas em EM dos hospitais universitários que cuidam dos pacientes. Esses especialistas implementam o tratamento sugerido e fornecem feedback ao algoritmo. O tratamento X funcionou para o paciente A, mas não funcionou para o paciente B. É o ciclo de feedback perfeito para melhorar continuamente as previsões do algoritmo e, com isso, o tratamento que pode ser oferecido aos pacientes, um exemplo realmente inspirador de medicina personalizada (que mencionei anteriormente, no Capítulo 6).

Mas há mais coisas que eu adoro no *MiTrendS*. Ele envolve toda a comunidade (local) em sua missão. Isso inclui pacientes com esclerose múltipla, é claro. Mas também inclui pessoas saudáveis que podem usar o aplicativo para ajudar os pesquisadores a estabelecer dados confiáveis para comparação.

Você não pode entender uma doença sem acompanhar os sintomas de um paciente. Como suas deficiências neurológicas progridem ao longo do tempo? Eles são capazes de realizar determinadas tarefas cognitivas e com que qualidade? Mas você também não pode entender uma doença sem ter uma noção clara do que esperar se essas pessoas não estivessem sofrendo de EM. Qual seria o desempenho de pessoas normais na tarefa? Com que rapidez elas se cansam?

É isso que a parte ciência cidadã do aplicativo *MiTrendS* faz. Ela faz com que a aldeia se una para apoiar seus membros mais vulneráveis.

TORNANDO AS COOPERATIVAS DE DADOS UMA OPÇÃO VIÁVEL

Quando ouvi falar de cooperativas de dados pela primeira vez, há alguns anos, adorei o conceito. Parecia uma abordagem poderosa para recuperar todos os direitos fundamentais que havíamos perdido na transição para a economia digital. Privacidade, transparência, autodeterminação. As cooperativas de dados foram criadas para capacitar todos nós; não apenas para retomar o controle sobre nossos dados pessoais e nossas vidas, mas também para nos beneficiarmos do enorme valor que a economia digital havia criado (para alguns grandes participantes, e não para todos nós).

Por mais que eu adore o conceito de cooperativas de dados, implementá-las em escala está longe de ser algo trivial. Isso exige que repensemos fundamentalmente o modelo de propriedade de dados e criemos uma infraestrutura que facilite o gerenciamento coletivo de dados pessoais. Mas estou otimista, principalmente porque já realizamos proezas semelhantes antes.

Quando a Revolução Industrial concentrou o poder nas mãos de alguns grandes atores, muitos cidadãos se sentiram explorados e impotentes. No entanto, com o passar do tempo, comunidades de indivíduos se uniram para formar sindicatos e organizações de cidadãos que eram guiados por interesses comuns e pelo desejo de oferecer um contrapeso aos grandes atores.

A partir da década de 1940, por exemplo, pequenas cooperativas elétricas de propriedade dos associados uniram-se sob a égide da National Rural Electric Cooperative Association para enfrentar os gigantes da energia da época. Hoje, essas cooperativas detêm mais de 40% da infraestrutura elétrica dos Estados Unidos, cobrindo mais de 75% do país. Não é um resultado ruim para pessoas que começaram sem energia alguma.

Da mesma maneira, as cooperativas de crédito foram formadas em resposta à mudança da troca tradicional baseada em dinheiro para o banco digital ao consumidor. Quando bancos como o J.P. Morgan ameaçaram dominar o mercado e explorar as pessoas para seu próprio benefício, surgiram cooperativas de crédito em todo o país. Sendo organizações sem fins lucrativos com responsabilidades fiduciárias para com seus membros, elas começaram a oferecer muitos dos mesmos serviços financeiros que os bancos tradicionais – menos a exploração. Atualmente, existem cerca de 5.000 cooperativas de crédito oficiais nos Estados Unidos que atendem a mais de 130 milhões de pessoas. Isso representa mais de um em cada três norte-americanos.

Os dois exemplos mostram que, em princípio, é possível transferir o poder de volta para as pessoas. Entretanto, o que me deixa tão otimista em relação a eles é o fato de que poderiam estabelecer as bases das cooperativas de dados.

Como dois professores do MIT, Alex (Sandy) Pentland e Thomas Hardjono, argumentaram de forma convincente, as cooperativas de crédito ou comerciais poderiam estar entre as primeiras e maiores cooperativas de dados.[1] Se você já confia a uma entidade a manutenção das luzes em casa, a negociação de seus direitos trabalhistas ou a administração de seus investimentos e fundos de aposentadoria, por que não confiar a ela também seus dados pessoais? Essa é a maneira mais simples de dar a milhões de pessoas acesso a um defensor confiável para seus dados pessoais, praticamente da noite para o dia. Ou, como Pentland e Hardjono disseram em um relatório conjunto com vários desses sindicatos, aproveitar os sindicatos existentes poderia tornar a "implantação generalizada de recursos de cooperação de dados ... surpreendentemente rápida e fácil".

Ambientes regulatórios – como a União Europeia – que já transferiram a propriedade dos dados para os indivíduos, regulamentando a reutilização e a exclusão de dados, a interoperabilidade e a portabilidade dos dados, oferecem o terreno ideal para as cooperativas de dados. Seus dados são muito mais valiosos quando a cooperativa de dados é a única entidade com acesso a eles. Como mencionei no capítulo anterior, a negociação torna-se muito mais difícil se não apenas você tiver uma cópia dos seus dados, mas também todos os outros. É a combinação de uma tripulação competente e um mar relativamente calmo que permite que você tire o máximo proveito dos seus dados pessoais.

Porém, o mais importante é que uma tripulação competente é valiosa mesmo quando o mar ainda está agitado. Na verdade, talvez seja aí que você mais precise dela, quando é improvável que navegar seu barco sozinho termine bem.

Atualmente, a maioria dos cidadãos dos EUA não é proprietária de seus dados. Se você já tentou obter acesso a alguns dos rastros digitais que gerou, sabe como essa é uma tarefa difícil (ou até mesmo impossível). Na maior parte dos Estados Unidos, as empresas não são legalmente obrigadas a compartilhar seus próprios dados pessoais com você. Ao mesmo tempo, as empresas têm o direito de usar, compartilhar e vender seus dados a qualquer entidade terceirizada pagante sem notificar você (e esses terceiros, por sua vez, têm permissão para fazer o mesmo).[2] Não é uma boa situação para o consumidor. Deixado à sua própria sorte, você tem pouco ou nenhum poder. Ninguém vai atender a sua ligação e ouvir suas reclamações e exigências. Mas agora imagine você recebendo ligações de milhões de membros de sindicatos que são representados por advogados especializados. Aposto que alguém vai ouvir você.

EPÍLOGO

O imperativo moral para moldar nosso futuro

Encontrar melhores maneiras de gerenciar nossos dados pessoais será fundamental nos próximos anos e décadas.

O que descrevi em *Os algoritmos da mente* é apenas a ponta do iceberg. A tecnologia está evoluindo à velocidade da luz. Não é apenas a quantidade crescente de dados que geramos, mas também as formas cada vez mais sofisticadas de analisá-los que devem nos fazer parar e nos incentivar a repensar nossa abordagem atual. Em breve, poderemos ter *microbots* em nosso sangue que examinam continuamente nosso corpo em busca de qualquer sinal de irregularidade ou doença, lentes de contato inteligentes que capturam o que vemos e hiperpersonalizam nossas visões e chips em nosso cérebro que não apenas leem nossos pensamentos, mas os modificam.

Parece ficção científica? Não é. Microrrobôs e lentes inteligentes já são uma realidade que está esperando para se tornar comum. E os chips em nosso cérebro também não estão muito distantes. Os neurocientistas estão cada vez mais aptos a falar a linguagem do cérebro. Eles descobriram maneiras de projetar seus pensamentos em telas e exploraram diferentes formas de alterar a configuração do seu cérebro.[1]

Algumas dessas pesquisas são realizadas em instituições acadêmicas, mas a maior parte dela é financiada por entidades privadas poderosas que estão tão interessadas na comercialização dessa tecnologia quanto na descoberta científica. O líder do grupo é Elon Musk, cuja empresa Neuralink está trabalhando incansavelmente em direção a esse futuro.[2]

Tudo o que discuti em *Os algoritmos da mente* é insignificante em comparação com um mundo em que terceiros não precisam mais confiar em inferências psicológicas de pegadas digitais, mas acessá-las diretamente na fonte em nosso cofre mais secreto.

Ao entrarmos nesse mundo, aprenderemos mais do que nunca sobre a psique humana. Criaremos novas oportunidades para apoiar a saúde e o bem-estar de indivíduos e sociedades. Imagine como seria a assistência médica preventiva se os *microbots* em nosso fluxo sanguíneo detectassem os primeiros sinais de câncer muito antes que qualquer médico pudesse diagnosticar a doença. Como poderíamos aumentar nosso mundo físico com informações projetadas diretamente em nossas retinas para despertar nossa curiosidade e inspirar admiração. Ou como poderíamos não apenas nos pôr no lugar de outra pessoa, mas recriar sua experiência real do mundo em nossos próprios cérebros.

Ao mesmo tempo, enfrentaremos desafios sem precedentes que ameaçam a própria base do que nos torna humanos. Se permitirmos que terceiros projetem sua versão preferida de nossa realidade em nossas retinas, como poderemos manter uma base comum do que acreditamos coletivamente sobre o mundo ao nosso redor? E se permitirmos que outros tenham acesso direto aos nossos cérebros, como saberemos a origem de um pensamento e se ele é realmente nosso? Na última década, houve uma preocupação crescente com o fato de os ecossistemas digitais ampliarem a discriminação, a polarização, as câmaras de eco e a desinformação. Se continuarmos em nossa trajetória atual, as próximas décadas poderão muito bem levar ao colapso da sociedade como a conhecemos.

Ao imaginar os dois lados do mesmo futuro, você cria um imperativo moral para repensar o ambiente de dados atual. Precisamos de um novo contrato social que defina o que significa compartilhar nossas vidas com outras pessoas no mundo atual orientado por dados. Mas repensar o ambiente de dados atual não é suficiente. Precisamos recriá-lo. Todos nós. Não importa se você trabalha gerenciando dados pessoais ou se está cansado do desequilíbrio de poder que a economia digital criou. Todos temos um papel a desempenhar.

Como sugeri, o retorno ao vilarejo pode ser uma solução. Não estou falando de aldeias físicas ou de um modelo do passado que já ultrapassamos. Estou falando de uma versão de um vilarejo que é muito superior a tudo o que já vimos antes. Quando cresci em Vögisheim, tive de conviver com as vantagens e desvantagens de deixar outras pessoas entrarem em minha vida. Aos poucos, fui melhorando a capacidade de ampliar o que era bom e minimizar o que era ruim, mas não tinha esperança de mudar completamente o sistema. Vivendo na aldeia digital de hoje, nós temos. Temos uma oportunidade única de recuperar o controle sobre nossas vidas e criar uma infraestrutura de dados coletiva que beneficie a todos nós.

APÊNDICE A

Teste de personalidade

Vamos começar descobrindo seu perfil de personalidade Big Five.[1]

Primeiro, você precisará responder a algumas perguntas sobre si mesmo. Na tabela ao lado, anotei várias características que podem se aplicar a você em vários graus. Algumas delas podem estar muito próximas de como você se vê, outras podem estar bem distantes. Não há respostas certas ou erradas. O único objetivo deste teste é ajudar você a entender seu próprio perfil de personalidade.

Não há necessidade de pensar demais em suas respostas; a primeira que vier à mente geralmente é a melhor. Para marcar sua resposta, basta colocar o número que melhor capta como você se vê no espaço em branco ao lado de cada pergunta.

. . .

Discordo totalmente	Discordo moderadamente	Discordo um pouco	Não concordo nem discordo	Concordo um pouco	Concordo moderadamente	Concordo totalmente
1	2	3	4	5	6	7

Eu me vejo como:

1. _______ Extrovertido, entusiasmado
2. _______ Crítico, briguento
3. _______ Confiável e autodisciplinado
4. _______ Ansioso, facilmente perturbado
5. _______ Aberto a novas experiências, complexo
6. _______ Reservado, quieto
7. _______ Simpático, caloroso
8. _______ Desorganizado, descuidado
9. _______ Calmo, emocionalmente estável
10. _______ Convencional, sem criatividade

Fonte: Samuel D. Gosling, Peter J. Rentfrow e William B. Swann Jr., "A Very Brief Measure of the Big Five Personality Domains", Journal of Research in Personality 37 (2003): 504-528.

Já terminou? Veja como você pode pontuar o teste. Há duas perguntas para cada um dos cinco traços de personalidade. Digamos que você obtenha uma pontuação de 5 na questão 1 e de 2 na questão 6, sua pontuação de extroversão seria 5 + (8 – 2)= 11. A tabela a seguir mostra quais perguntas pertencem a cada traço.

Abertura	=	Pontuação na pergunta 5 + (8 – pontuação na pergunta 10)
Conscienciosidade	=	Pontuação na pergunta 3 + (8 – pontuação na pergunta 8)
Extroversão	=	Pontuação na pergunta 1 + (8 – pontuação na pergunta 6)
Amabilidade	=	Pontuação na pergunta 7 + (8 – pontuação na pergunta 2)
Neuroticismo	=	Pontuação na pergunta 4 + (8 – pontuação na pergunta 9)

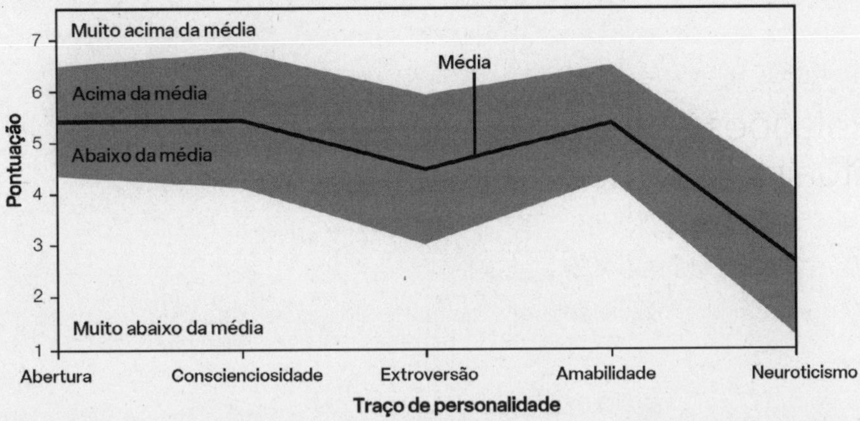

FIGURA A-1 Pontuações médias dos cinco grandes traços de personalidade.

Fonte: Samuel D. Gosling, Peter J. Rentfrow e William B. Swann Jr., "A Very Brief Measure of the Big Five Personality Domains", Journal of Research in Personality 37, no. 6 (2003): 504-528.

Você tem suas pontuações? Ótimo! Mas espere um pouco, o que significa para você ter uma pontuação de 5,5 em extroversão? Isso é alto ou baixo? Você perceberá que as pontuações que acabou de calcular não significam muito sem contexto. Para dar sentido a elas, precisamos comparar suas pontuações com as de outras pessoas (neste caso, milhares de pessoas que já fizeram o mesmo teste).

Tracei a média de cada característica na Figura A-1, juntamente com faixas que indicam o grau de extremo que você pode ter. Você pode pegar as pontuações que calculou e transferi-las como cruzes para o gráfico (se quiser um perfil mais detalhado, recomendo que faça o teste em nosso site dedicado www.mindmasters.ai/mypersonality).

APÊNDICE B

Relações entre curtidas no Facebook e atualizações de status

Não chegamos a explorar as relações entre curtidas no Facebook e atualizações de status para todos os cinco traços de personalidade no livro principal. Mas aqui estão elas. A Tabela B-1 relaciona as curtidas no Facebook relacionadas a esses traços, enquanto a Figura B-1 mostra palavras nas atualizações de status das pessoas no Facebook que indicam esses mesmos traços. Assim como as listas de curtidas e nuvens de palavras para extroversão e amabilidade no Capítulo 2, as listas para abertura, conscienciosidade e neuroticismo mostram como são intuitivas muitas das ligações entre nossos comportamentos online e as características psicológicas.

TABELA B-1 Curtidas no Facebook relacionadas a abertura, conscienciosidade e neuroticismo.

Traço de personalidade	Baixa	Alta
Abertura	NASCAR Austin Collie *A sogra* Eu não leio Justin Moore ESPN2 Farmlandia *The Bachelor* *Teen Mom 2*	Oscar Wilde Charles Bukowski Leonardo da Vinci Bauhaus *DMT A Molécula do Espírito* *Deuses Americanos* John Waters Platão Leonard Cohen
Conscienciosidade	Wes Anderson *Bandit Nation* Omegle Vocaloid Serial Killer Screamo Anime Vamplets Entre se é gordo mas não está morrendo	Oficial da lei Aplicação da lei nacional Contabilidade Lowfares.com Foursquare Serviços médicos de emergência *Sunday Best* Universidade Kaplan Glock Inc MyCalendar 2010
Neuroticismo	Administração de empresas Obter dinheiro Parkour Atletismo Paraquedismo Mountain bike Futebol Escalada Física/engenharia *As 48 leis do poder*	Às vezes eu me odeio Emo *Garota, interrompida* Muito feliz *A Família Addams* Vocaloid Sixbillionsecrets.com Vampiros Everywhere Kurt Donald Cobain Dot Dot Curve

Fonte: adaptada de Gerald Matthews Ian J. Deary, and Martha C. Whiteman, Personality Traits. (Cambridge, UK: Cambridge University Press, 2003).

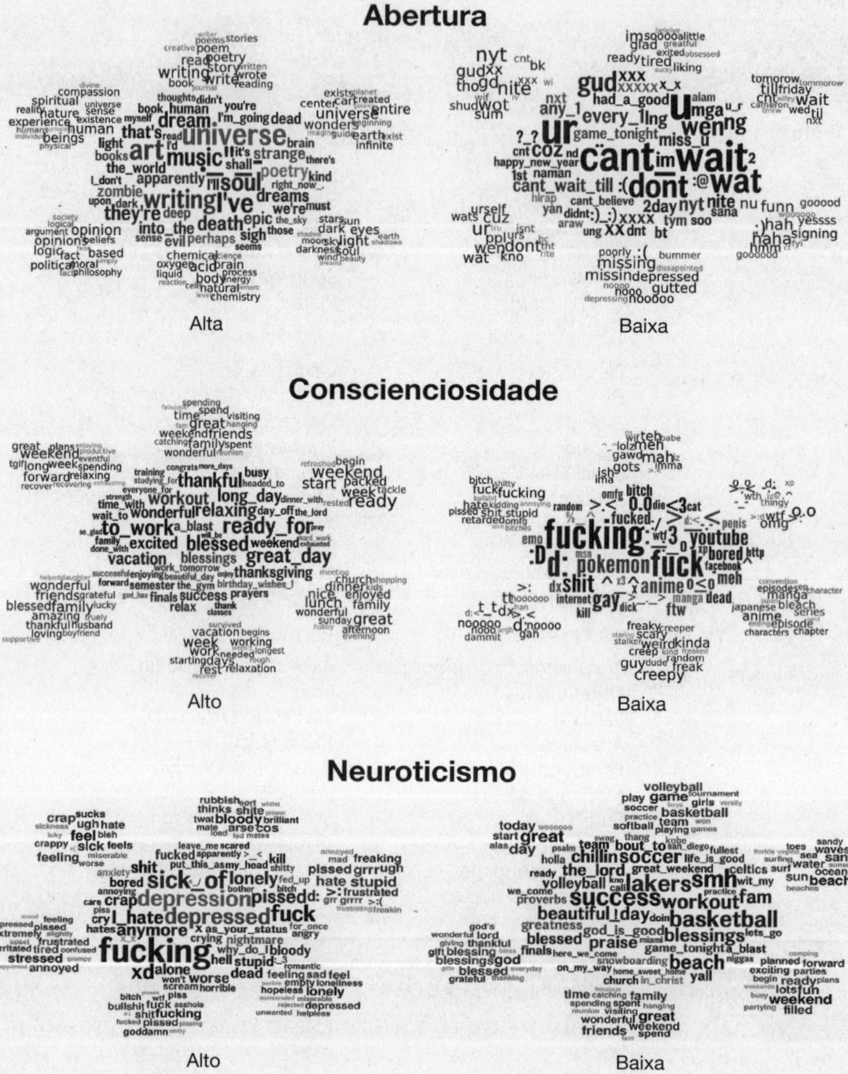

FIGURA B-1 Atualizações de status do Facebook relacionadas a abertura, conscienciosidade e neuroticismo.

Fonte: H. Andrew Schwartz et al., "Personality, Gender, and Age in the Language of Social Media: The Open-Vocabulary Approach," PloS One 8, no. 9 (2013): e73791. Disponível em: https://doi.org/10.1371/journal.pone.0073791. Permissão via: https://creativecommons.org/licenses/by/4.0/.

Notas

Introdução

1. REILLY, Michael. Is Facebook targeting ads at sad teens? *MIT Technology Review*, 2017. Disponível em: https://www.technologyreview.com/2017/05/01/105987/is-facebook-targeting-ads-at-sad-teens. Acesso em: 8 jul. 2025.
2. KRANZBERG, Melvin. Technology and history: 'Kranzberg's laws'. *Technology and Culture*, [s.l.], v. 27, n. 3, p. 544–560, jul. 1986.

Capítulo 1

1. DATA never sleeps. *DOMO*, 2018. Disponível em: https://www.domo.com/solution/data-never-sleeps-6. Acesso em: 8 jul. 2025.
2. WU, Youyou; KOSINSKI, Michal; STILLWELL, David. Computer-based personality judgments are more accurate than those made by humans. *Proceedings of the National Academy of Sciences*, [s.l.], v. 112, n. 4, p. 1036–1040, 2015.
3. MATTHEWS, Gerald; DEARY, Ian J.; WHITEMAN, Martha C. *Personality traits*. Cambridge, UK: Cambridge University Press, 2003.

Capítulo 2

1. TAMIR, Diana I.; MITCHELL, Jason P. Disclosing information about the self is intrinsically rewarding. *Proceedings of the National Academy of Sciences*, [s.l.], v. 109, n. 21, p. 8038–8043, 2012.
2. NAAMAN, Mor; BOASE, Jeffrey; LAI, Chih-Hui. Is it really about me? Message content in social awareness streams. In: *Proceedings Of The 2010 Acm Conference On Computer Supported Cooperative Work*, 2010, [s.l.]. p. 189–192.
3. BACK, Mitja D. et al. Facebook profiles reflect actual personality, not self-idealization. *Psychological Science*, [s.l.], v. 21, n. 3, p. 372–374, 2010.
4. AKIYOSHI, Yoko. Retired Japanese police officer sets new Hello Kitty record. *NBC News*, 2017. Disponível em: https://www.nbcnews.com/news/world/retired-japanese-police-officer-sets-new-hello-kitty-record-n779476. Acesso em: 8 jul. 2025.
5. KOSINSKI, Michal; STILLWELL, David; GRAEPEL, Thore. Private traits and attributes are predictable from digital records of human behavior. *Proceedings of the National Academy of Sciences*, [s.l.], v. 110, n. 15, p. 5802–5805, 2013.
6. PENNEBAKER, James W. *The secret life of pronouns*. New York: Bloomsbury Publishing USA, 2013.
7. TACKMAN, Allison M. et al. Depression, negative emotionality, and self-referential language: a multi-lab, multi-measure, and multi-language-task research synthesis. *Journal of Personality and Social Psychology*, [s.l.], v. 116, n. 5, p. 817, 2019.
8. EICHSTAEDT, Johannes C. et al. Facebook language predicts depression in medical records. *Proceedings of the National Academy of Sciences*, [s.l.], v. 115, n. 44, p. 11203–11208, 2018.
9. TIMM, Jonathan. When the boss says 'don't tell your coworkers how much you get paid. *Atlantic*, 2014. Disponível em: https://www.theatlantic.com/business/archive/2014/07/when-the-boss-says-dont-tell-your-coworkers-how-much-you-get-paid/374467/. Acesso em: 8 jul. 2025.
10. MATZ, Sandra C. et al. Predicting individual-level income from Facebook profiles. *PloS One*, [s.l.], v. 14, n. 3, e0214369, 2019.
11. SEGALIN, Cristina et al. The pictures we like are our image: continuous mapping of favorite pictures into self-assessed and attributed personality

traits. *IEEE Transactions on Affective Computing*, [s.l.], v. 8, n. 2, p. 268–285, 2016.

12. WANG, Yilun; KOSINSKI, Michal. Deep neural networks are more accurate than humans at detecting sexual orientation from facial images. *Journal of Personality and Social Psychology*, [s.l.], v. 114, n. 2, p. 246, 2018.
13. LUKASZEWSKI, Aaron W.; RONEY, James R. The origins of extraversion: joint effects of facultative calibration and genetic polymorphism. *Personality and Social Psychology Bulletin*, [s.l.], v. 37, p. 409–421, 2011.

Capítulo 3

1. GOSLING, Sam. *Snoop: what your stuff says about you*. New York: Basic Books, 2008.
2. STEPHENS-DAVIDOWITZ, Seth. *Everybody lies: big data, new data, and what the Internet can tell us about who we really are*. New York: Dey Street Books, 2017.
3. LAOKOON. *Made to measure: a digital search for traces*, 2020. Disponível em: https://www.madetomeasure.online/en/. Acesso em: 8 jul. 2025.
4. MONTJOYE, Yves-Alexandre de et al. Unique in the shopping mall: on the reidentifiability of credit card metadata. *Science*, [s.l.], v. 347, n. 6221, p. 536–539, 2015.
5. GLADSTONE, Joe J.; MATZ, Sandra C.; LEMAIRE, Alain. Can psychological traits be inferred from spending? Evidence from transaction data. *Psychological Science*, [s.l.], v. 30, n. 7, p. 1087–1096, 2019.
6. LONDON, Jessie. How Jaila Gladden's iPhone saved her life. *Medium*, 2021. Disponível em: https://jessielondon.medium.com/how-jaila-gladdens-iphone-saved-her-life-48d0c285d147. Acesso em: 8 jul. 2025.
7. MELUMAD, Shiri; PHAM, Michel Tuan. The smartphone as a pacifying technology. *Journal of Consumer Research*, [s.l.], v. 47, n. 2, p. 237–255, 2020.
8. STACHL, Clemens et al. Predicting personality from patterns of behavior collected with smartphones. *Proceedings of the National Academy of Sciences*, [s.l.], v. 117, n. 30, p. 17680–17687, 2020.
9. MÜLLER, Sandrine R. et al. Depression predictions from GPS-based mobility do not generalize well to large demographically heterogeneous samples. *Scientific Reports*, [s.l.], v. 11, n. 1, p. 14007, 2021.

Capítulo 4

1. FLEESON, William. Toward a structure- and process-integrated view of personality: traits as density distributions of states. *Journal of Personality and Social Psychology*, [s.l.], v. 80, n. 6, p. 1011, 2001.
2. WILSON, Robert E.; THOMPSON, Renee J.; VAZIRE, Simine. Are fluctuations in personality states more than fluctuations in affect? *Journal of Research in Personality*, [s.l.], v. 69, p. 110–123, 2017.
3. MATZ, Sandra C.; HARARI, Gabriella M. Personality–place transactions: mapping the relationships between Big Five personality traits, states, and daily places. *Journal of Personality and Social Psychology*, [s.l.], v. 120, n. 5, p. 1367, 2021.
4. BLAKE, Andrew B. et al. Wearable cameras, machine vision, and big data analytics: insights into people and the places they go. In: WOO, S. E.; TAY, L.; PROCTOR, R. W. (ed.). *Big data in psychological research*. Washington, DC: American Psychological Association, 2020. p. 125–143.
5. RAUTHMANN, John F. et al. The Situational Eight DIAMONDS: a taxonomy of major dimensions of situation characteristics. *Journal of Personality and Social Psychology*, [s.l.], v. 107, n. 4, p. 677, 2014.
6. SCHOEDEL, Ramona et al. Snapshots of daily life: situations investigated through the lens of smartphone sensing. *Journal of Personality and Social Psychology*, [s.l.], v. 125, n. 6, p. 1442–1471, 2023.
7. PETERS, Heinrich; MATZ, Sandra. Large language models can infer psychological dispositions of social media users. *PNAS Nexus*, [s.l.], v. 3, n. 6, 2024. Disponível em: https://academic.oup.com/pnasnexus/article/3/6/pgae231/7692212. Acesso em: 8 jul. 2025.

Capítulo 5

1. GRASSEGGER, Hannes; KROGERUS, Mikael. Ich habe nur gezeigt, dass es die Bombe gibt (I just showed that the bomb exists). *TA International*, 20 mar. 2018. Disponível em: https://www.tagesanzeiger.ch/ich-habe-nur-gezeigt-dass-es-die-bombe-gibt-652492646668. Acesso em: 8 jul. 2025.
2. GRASSEGGER, Hannes; KROGERUS, Mikael. The data that turned the world upside down. *Motherboard*, 28 jan. 2017. Disponível em: https://

www.vice.com/en/article/mg9vvn/how-our-likes-helped-trump-win. Acesso em: 8 jul. 2025.

3. DAVIES, Harry. Ted Cruz using firm that harvested data on millions of unwitting Facebook users. *The Guardian*, 11 dez. 2015. Disponível em: https://www.theguardian.com/us-news/2015/dec/11/senator-ted-cruz-president-campaign-facebook-user-data. Acesso em: 8 jul. 2025.
4. KOSINSKI, Michal; STILLWELL, David; GRAEPEL, Thore. Private traits and attributes are predictable from digital records of human behavior. *Proceedings of the National Academy of Sciences*, [s.l.], v. 110, n. 15, p. 5802–5805, 2013.
5. HILTON launches holiday matchmaking app. *Breaking Travel News*, 14 jul. 2015. Disponível em: https://www.breakingtravelnews.com/news/article/hilton-launches-holiday-matchmaking-app/. Acesso em: 8 jul. 2025.
6. LEVY, Sidney J. Symbols for sale. *Harvard Business Review*, [s.l.], jul./ago. 1959, p. 117–124.
7. MATZ, Sandra C. et al. Psychological targeting as an effective approach to digital mass persuasion. *Proceedings of the National Academy of Sciences*, [s.l.], v. 114, n. 48, p. 12714–12719, 2017.
8. MATZ, Sandra C. et al. Predicting the personal appeal of marketing images using computational methods. *Journal of Consumer Psychology*, [s.l.], v. 29, n. 3, p. 370–390, 2019.
9. CHATGPT. The quote is ChatGPT's response to author's question "Write an iPhone ad for someone who is extroverted and enthusiastic," obtained March 25, 2023, using OpenAI's GPT-3 playground.
10. MATZ, Sandra et al. The potential of generative AI for personalized persuasion at scale. *Scientific Reports*, [s.l.], v. 14, n. 1, p. 4692, 2023.
11. HAIDT, Jonathan; JOSEPH, Craig. The moral mind: how five sets of innate intuitions guide the development of many culture-specific virtues, and perhaps even modules. *The Innate Mind*, v. 3, p. 367–391, 2007.
12. GRAHAM, Jesse; HAIDT, Jonathan; NOSEK, Brian A. Liberals and conservatives rely on different sets of moral foundations. *Journal of Personality and Social Psychology*, [s.l.], v. 96, n. 5, p. 1029, 2009.
13. FEINBERG, Matthew; WILLER, Robb. Moral reframing: a technique for effective and persuasive communication across political divides. *Social and Personality Psychology Compass*, [s.l.], v. 13, n. 12, e12501, 2019.

14. FEINBERG, Matthew; WILLER, Robb; MATZ, Sandra et al. Moral reframing; predicting the personal appeal of marketing images.
15. ALLEN, Jennifer Nancy Lee; WATTS, Duncan J.; RAND, David. Quantifying the impact of misinformation and vaccine-skeptical content on Facebook. *PsyArXiv*, 9 set. 2023. DOI: 10.31234/osf.io/nwsqa.

Capítulo 6

1. MATZ, Sandra C.; GLADSTONE, Joe J.; STILLWELL, David. Money buys happiness when spending fits our personality. *Psychological Science*, [s.l.], v. 27, n. 5, p. 715–725, 2016.
2. CARRNS, Ann. Even in strong economy, most families don't have enough emergency savings. *New York Times*, 25 out. 2019. Disponível em: https://www.nytimes.com/2019/10/25/your-money/emergency-savings.html. Acesso em: 8 jul. 2025.
3. MULLAINATHAN, Sendhil; SHAFIR, Eldar. *Scarcity: why having too little means so much*. New York: Macmillan, 2013.
4. MATZ, Sandra C.; GLADSTONE, Joe J. Nice guys finish last: when and why agreeableness is associated with economic hardship. *Journal of Personality and Social Psychology*, [s.l.], v. 118, n. 3, p. 545, 2020.
5. MATZ, Sandra C.; GLADSTONE, Joe J.; FARROKHNIA, Robert A. Leveraging psychological fit to encourage saving behavior. *American Psychologist*, [s.l.], v. 78, n. 7, p. 901–917, 2023.
6. LEVIN, Sam. Facebook told advertisers it can identify teens feeling 'insecure' and 'worthless'. *The Guardian*, 1 maio 2017. Disponível em: https://www.theguardian.com/technology/2017/may/01/facebook-advertising-data-insecure-teens. Acesso em: 8 jul. 2025.
7. PARK, Sung Jun et al. New paradigm for tumor theranostic methodology using bacteria-based microrobot. *Scientific Reports*, [s.l.], v. 3, n. 1, p. 3394, 2013.
8. LEWIS, Robert et al. Can a recommender system support treatment personalisation in digital mental health therapy? A quantitative feasibility assessment using data from a behavioural activation therapy app. In: *CHI Conference on Human Factors in Computing Systems Extended Abstracts*, 2022. p. 1–8.

9. NOGUCKI, Yuki. Therapy by chatbot? The promise and challenges in using AI for mental health. *Shots, NPR*, 19 jan. 2023. Disponível em: https://www.npr.org/sections/health-shots/2023/01/19/1147081115/therapy-by--chatbot-the-promise-and-challenges-in-using-ai-for-mental-health. Acesso em: 8 jul. 2025.
10. ZAGORSKI, Nick. Popularity of mental health chatbots grows. *Psychiatric News*, [s.l.], v. 57, n. 5, 2022. Disponível em: https://psychnews.psychiatryonline.org/doi/10.1176/appi.pn.2022.05.4.50. Acesso em: 8 jul. 2025.
11. FINKEL, Eli J. et al. Political sectarianism in America. *Science*, [s.l.], v. 370, n. 6516, p. 533–536, 2020.
12. COSTELLO, Thomas H.; PENNYCOOK, Gordon; RAND, David. Durably reducing conspiracy beliefs through dialogues with AI. *PsyArXiv*, 3 abr. 2024. DOI: 10.31234/osf.io/xcwdn.

Capítulo 7

1. MOZUR, Paul; XIAO, Muyi; LIU, John. 'An invisible cage': how China is policing the future. *New York Times*, 25 jun. 2022. Disponível em: https://www.nytimes.com/2022/06/25/technology/china-surveillance-police.html. Acesso em: 8 jul. 2025.
2. SUN on privacy: 'Get over it'. *Wired*, 26 jan. 1999. Disponível em: https://www.wired.com/1999/01/sun-on-privacy-get-over-it/. Acesso em: 8 jul. 2025.
3. GUO, Eileen. A Roomba recorded a woman on the toilet. How did screenshots end up on Facebook? *MIT Technology Review*, 19 dez. 2022. Disponível em: https://www.technologyreview.com/2022/12/19/1065306/roomba-irobot-robot-vacuums-artificial-intelligence-training-data-privacy/. Acesso em: 8 jul. 2025.
4. REILL, Amanda. A simple way to make better decisions. *Hbr.org*, 6 dez. 2023. Disponível em: https://hbr.org/2023/12/a-simple- way-to-make-better-decisions. Acesso em: 8 jul. 2025.

Capítulo 8

1. HOOFNAGLE, Chris Jay; URBAN, Jennifer M. Alan Westin's privacy Homo economicus. *Wake Forest Law Review*, [s.l.], v. 49, p. 261, 2014.

2. SHARIFF, Azim; GREEN, Joe; JETTINGHOFF, William. The privacy mismatch: evolved intuitions in a digital world. *Current Directions in Psychological Science*, [s.l.], v. 30, n. 2, p. 159–166, 2021.
3. ACQUISTI, Alessandro; BRANDIMARTE, Laura; LOEWENSTEIN, George. Privacy and human behavior in the age of information. *Science*, [s.l.], v. 347, n. 6221, p. 509–514, 2015.

Capítulo 9

1. JOHNSON, Eric J.; GOLDSTEIN, Daniel G. Do defaults save lives? *Science*, [s.l.], v. 302, n. 5649, p. 1338–1339, 2003.
2. ARISTOTLE. *The Nicomachian ethics of Aristotle*. 10. ed. Tradução de F. H. Peters. London: Kegan Paul, Trench, Trübner and Co., 1906. p. 289.
3. ACQUISTI, Alessandro; JOHN, Leslie K.; LOEWENSTEIN, George. What is privacy worth? *Journal of Legal Studies*, [s.l.], v. 42, n. 2, p. 249–274, 2013.
4. KAIROUZ, Peter et al. Advances and open problems in federated learning. *Foundations and Trends in Machine Learning*, [s.l.], v. 14, n. 1–2, p. 1–210, 2021.
5. DOCTOROW, Cory. Personal data is as hot as nuclear waste. *The Guardian*, 15 jan. 2008. Disponível em: https://www.theguardian.com/technology/2008/jan/15/data.security. Acesso em: 8 jul. 2025.
6. TOTENBERG, Nina. An attacker killed a judge's son. Now she wants to protect other families. *NPR*, 20 nov. 2020. Disponível em: https://www.npr.org/2020/11/20/936717194/a-judge- watched-her-son-die-now-she-wants-to-protect-other-judicial-families. Acesso em: 8 jul. 2025.
7. THE DANIEL Anderl Judicial Security and Privacy Act. *The Courts and Congress Annual Report 2022*. Disponível em: https://www.uscourts.gov/statistics-reports/courts-and-congress-annual-report-2022. Acesso em: 8 jul. 2025.
8. MCNAMEE, Roger. *Zucked: waking up to the Facebook catastrophe*. New York: Penguin, 2020.

Capítulo 10

1. PENTLAND, Alex; HARDJONO, Thomas. Data cooperatives. In: *Building the new economy*. Cambridge, MA: MIT Press, 2020. Disponível em: https://wip.mitpress.mit.edu/pub/pnxgvubq/release/2. Acesso em: 8 jul. 2025.
2. KLOSOWSKI, Thorin. The state of consumer data privacy laws in the US (and why it matters). *Wirecutter, New York Times*, 6 set. 2021. Disponível em: https://www.nytimes.com/wirecutter/blog/state-of-privacy-laws-in--us/. Acesso em: 8 jul. 2025.

Epílogo

1. CERF, Moran et al. On-line, voluntary control of human temporal lobe neurons. *Nature*, [s.l.], v. 467, n. 7319, p. 1104–1108, 2010.
2. GILBERT, Daniel. The race to beat Elon Musk to put chips in people's brains. *Washington Post*, 3 mar. 2023. Disponível em: https://www.washingtonpost.com/business/2023/03/03/brain-chips-paradromics-synchron/. Acesso em: 8 jul. 2025.

Apêndice A

1. GOSLING, Samuel D.; RENTFROW, Peter J.; SWANN Jr., William B. A very brief measure of the Big Five personality domains. Journal of Research in Personality, [s.l.], v. 37, p. 504–528, 2003.

Música

Trecho da música da página 36:
The Story of Your Life Is in Your Face
Words and Music by Tom Hall

Agradecimentos

Quando comecei a escrever sobre meu trabalho em termos menos acadêmicos, não foi com a intenção de publicar um livro. Eu simplesmente queria ajudar meus amigos e familiares a entender o que eu estava fazendo a milhares de quilômetros de casa, do outro lado do Atlântico. No entanto, logo me apaixonei pelo estilo coloquial de comunicar minhas ideias e descobertas científicas. E tive a sorte de contar com o apoio de toda uma comunidade para levar esse esforço a bom termo.

Não são apenas as pessoas citadas aqui, mas também meus maravilhosos colaboradores e os notáveis pesquisadores cujo trabalho moldou meu pensamento e enriqueceu muitas passagens do livro. A vida acadêmica pode ser solitária às vezes, mas escrever *Os algoritmos da mente* me fez lembrar repetidamente da sorte que tenho de fazer parte de uma comunidade dedicada a ampliar os limites do conhecimento e fazer uma contribuição significativa para nossa sabedoria coletiva.

Entre apenas alguns daqueles cujo apoio me conduziu nessa jornada e cujo brilhantismo está consagrado nas páginas deste livro, quero agradecer, em primeiro lugar e acima de tudo, à minha agente, Leila Campoli. Sem você, não haveria *Os algoritmos da mente*. Você acreditou em mim e em minhas ideias desde o início e me deu a confiança necessária para deixar de escrever histórias para meus pais e passar a atingir (espero) um público muito maior. Eu não poderia ter pedido uma agente mais talentosa, gentil e solidária, e sou eternamente grata por sua orientação e incentivo contínuos.

Também quero agradecer ao meu editor, Kevin Evers, e a toda a equipe da Harvard Business Review Press por me ajudarem a tornar este livro uma realidade. Kevin, seu entusiasmo pelo livro foi contagiante, e seu olhar aguçado para histórias convincentes tornou *Os algoritmos da mente* muito mais divertido do que teria sido de outra forma.

Nenhum dos trabalhos descritos em *Os algoritmos da mente* teria sido possível sem meus maravilhosos alunos, colegas e mentores, que são coautores de muitos dos artigos citados no livro. Vocês são estudiosos extraordinários e verdadeiros amigos. As inúmeras horas que passamos trabalhando juntos em cozinhas, bibliotecas, cafeterias, parques e escritórios (alguns mais agradáveis do que outros) abrangem muitos dos momentos mais inspiradores e felizes de minha vida. Um agradecimento especial aos meus coautores (em ordem alfabética): Ruth Appel, Erica Bailey, Maarten Bos, Moran Cerf, Brian Croll, Tobias Ebert, Robert Farrokhnia, Brandon Frei- berg, Joe Gladstone, Friedrich Goetz, Sam Gosling, Gabriella Harari, Michal Kosinski, Asher Lawson, Ashley Martin, Sandrine Mueller, Gideon Nave, Heinrich Peters, Vess Popov, Jason Rentfrow, Andy Schwartz, Clemens Stachl, David Stillwell, Jake Teeny, Sumer Vaid e Youyou Wu. Vocês são demais!

Também sou incrivelmente grato aos meus colegas e alunos da Columbia Business School. Nos últimos sete anos, vocês se tornaram uma família para mim. Sinto-me a pessoa mais sortuda do mundo por ter encontrado um trabalho que amo em um lugar que me faz sentir em casa. Um agradecimento especial a todos os membros atuais e antigos do Computational Behavioral Science Lab, especialmente a Minhee Kim, cujo apoio como gerente de laboratório tem sido inestimável. Sinto-me honrada por fazer parte da jornada de vocês para se tornarem a próxima geração de líderes de pensamento acadêmico e educadores. Obrigada a todos vocês!

Acima de tudo, quero agradecer à minha família – meu filho Ben, minha mãe e meu pai, minha irmã e sua família e meus sogros – pelo amor e apoio incondicionais. Vocês sempre me incentivaram a buscar as estrelas, por mais distantes que elas parecessem. Eu não estaria onde estou hoje sem vocês. Dei saltos de fé porque sabia que vocês me apoiavam, não importava o que acontecesse. Comecei a escrever este livro para vocês e espero que vê-lo impresso os deixem orgulhosos e os lembrem do quanto os amo.

Por fim, quero agradecer ao meu parceiro na vida e no crime, Moran Cerf. Você é minha maior inspiração, meu confidente mais próximo e meu comediante favorito. Sua presença transforma até mesmo a experiência mais mundana em uma aventura inesquecível. Não me passou despercebido que você me torna uma pessoa melhor a cada dia.

Sobre a autora

Sandra Matz é professora Lulu Chow Wang de negócios na Columbia Business School, onde também codirige o Center for Advanced Technology and Human Performance. Com formação em psicologia e ciência da computação, atua como cientista social computacional, investigando como nossas pegadas digitais revelam aspectos do comportamento e da vida psíquica interna. Seu trabalho busca promover o uso mais ético e eficaz de dados por indivíduos, empresas e governos.

Ao longo de sua carreira, publicou mais de 50 artigos em revistas científicas de prestígio e compartilhou suas descobertas em diversos canais, como artigos no *The New York Times*, *The Economist* e *Scientific American*, palestras, podcasts e consultorias.

Recebeu diversos prêmios por sua pesquisa e atuação como professora, incluindo o SAGE Early Career Trajectory Award para psicólogos sociais e da personalidade; o prêmio Best 40-Under-40 MBA Professors da Poets and Quants; o Young Elite Top 40 Under 40 da revista *Capital*; o Young Pioneers do World Frontiers Forum; o Top 30 Thinkers Under 30 da revista *Pacific Standard*; e a lista 100 Most Influential People in Data da DataIQ.

Índice remissivo

A

cooperativas de dados 161, 165, 166

E

F

G

H

I

J

M

N

O

P

R

S

T

V

W

Y